Carol Davidson Cragoe

ARCHITEKTUR
verständlich gemacht

Carol Davidson Cragoe

ARCHITEKTUR
verständlich gemacht
Ein illustrierter Führer zur Baustilkunde

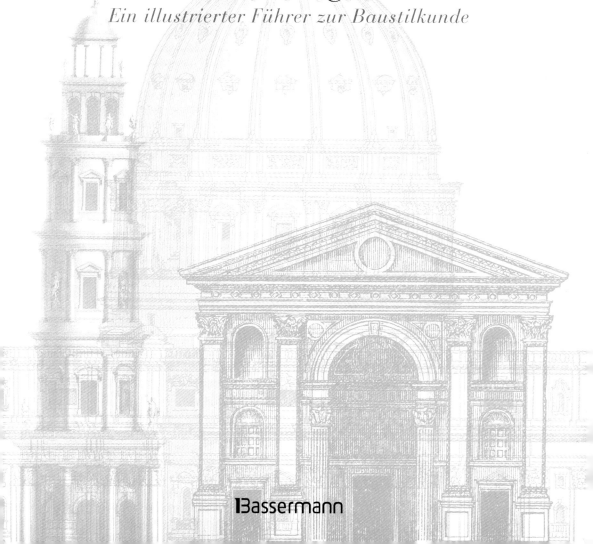

Bassermann

ISBN: 978-3-8094-2817-6

© 2011 by Bassermann Verlag, einem Unternehmen der
Verlagsgruppe Random House GmbH, 81673 München

Die englische Originalausgabe erschien unter dem Titel
How to Read Buildings bei Herbert Press, einem Imprint
von A&C Black, London

© 2008 by Ivy Press Limited, 210 High Street, Lewes,
East Sussex, BN7 2NS, England
Text copyright © Carol Davidson Cragoe 2008
Design copyright © Ivy Press Limited 2008

Projektkoordination dieser Ausgabe: Dr. Iris Hahner

Umschlaggestaltung: Atelier Versen, Bad Aibling

Übersetzung: Otto Voncalino

Redaktion und Producing: Dr. Alex Klubertanz

Die Informationen in diesem Buch sind von Autor und Verlag
sorgfältig erwogen und geprüft, dennoch kann eine Garantie
nicht übernommen werden. Eine Haftung des Autors bzw. des
Verlags und seiner Beauftragten für Personen-, Sach- und
Vermögensschäden ist ausgeschlossen.

Druck und Bindung: Everbest Printing Co. Ltd.

Printed in China

817 2635 4453 6271

INHALT

Wir alle kommen täglich an Hunderten von Gebäuden vorüber, und es fällt schnell auf, dass einige Bauten andersartig oder ungewöhnlich sind. Aber was macht sie anders? Wann wurden sie erbaut? Und warum? Dieses Buch wird Ihnen helfen, Antworten auf diese Fragen zu finden, und Ihnen die nötigen Kenntnisse für das Verstehen von Gebäuden vermitteln. Mittels detaillierter Abbildungen zu Gesamt- und Teilansichten von Bauten lernen Sie, die Schlüsselmerkmale von Bauformen zu erkennen – von der Antike bis zur Gegenwart.

Architektur – Baukunst – hat eine eigene Sprache, und das Lesen von Gebäuden ist wie das Lesen in jeder Sprache: Man muss zuerst die Basisbausteine verstehen. Ist man einmal vertraut mit der Sprachstruktur, kann man alles lesen.

Drei Hauptaspekte kennzeichnen die Grammmatik der Architektursprache: Stile der jeweiligen Epoche, Bauwerkstypen und Baumaterialien. Sie alle beeinflussen massiv das Aussehen eines Gebäudes, weswegen jedem Aspekt ein Kapitel in diesem Buch gewidmet ist. Innerhalb dieser Grammatik gibt es das architektonische Vokabular der Bauwerksteile, z. B. Säulen, Feuerstellen, Dächer, Treppen, Fenster und Türen. Ornament ist ebenfalls wichtiger Bestandteil dieses Vokabulars. Auch all diese Begriffe haben eigene Kapitel in diesem Buch, aber Sie werden sehen, dass die Grammatik der Stile, Bauwerkstypen und Materialien ein Grundgerüst bietet, in das sich jeder Einzelaspekt stimmig einfügt.

RECHTS *Der Tempel des Hephaistos, Athen, wurde um 449 v. Chr. in dorischer Ordnung erbaut; im 7. Jh. wurde er in eine christliche Kirche umgewandelt.*

Ein Gebäude lesen

Bevor wir mit den Besonderheiten starten, zunächst ein Beispiel, das zeigt, wie die Sprache der Architektur aufgebaut ist. Betrachten Sie die hier abgebildeten beiden Gebäude. Halten Sie sich nicht lange damit auf, was und wo sie sind; nehmen Sie einfach Gemeinsamkeiten und Unterschiede wahr. Die Unterschiede sind offensichtlich: Der Tempel des Hephaistos links ist lang und niedrig, während die St-Pancras-Kirche rechts einen zentralen hohen Turm hat.

RECHTS *Die Kirche St Pancras, London, erbaut 1819–22 im Stil des Greek Revival mit ionischem Portikus und klassizistischem Turm.*

Sehen Sie jetzt genauer hin – dann werden Ihnen einige Gemeinsamkeiten auffallen: Besonders die von einem Dreiecksgiebel bekrönte Sechs-Säulen-Reihe der Kirchenfassade ähnelt der der Tempelfassade sehr, auch wenn die Details der Kirche leichter und zarter sind. Das ist kein Zufall: Die im frühen 19. Jh. im »Greek-Revival«-Stil erbaute Kirche ahmt bewusst die Formensprache antiker griechischer Tempel nach. Nach der Lektüre dieses Buches werden Ihnen derartige Vergleiche ganz leichtfallen.

7

Spurensuche

Das Verstehen von Bauwerken erinnert an Detektivarbeit: Sie begeben sich auf Spurensuche, um einen Bau schließlich identifizieren zu können. Solche Spuren können z. B. modifizierte Fenster sein, die Verwendung anderer Baumaterialien oder Fragmente älterer Gebäude, die einen Umbau überdauert haben. Oder die Spuren sind subtiler, z. B. unscheinbare Details oder eigenartige Unregelmäßigkeiten, die einen nach dem Warum fragen lassen. Jede Bauform ist anders: wie ein guter Detektiv sollten Sie jeder aufgeschlossen begegnen. Aber es gibt einige grundlegende Spuren, nach denen Sie zuerst Ausschau halten können.

Details mit großer Wirkung

Wie die Abbildungen links veranschaulichen, ist es extrem wichtig, sowohl Details als auch die zugrunde liegende Form zu betrachten, will man ein Bauwerk verstehen. Diese drei Häuser sind innen exakt gleich, haben aber unterschiedliche Details in der Außengestaltung, etwa Wandpfeiler (senkrecht) oder waagerechte Streifen, was sie ungleich wirken lässt.

Dachüberreste

Meist hinterlassen Umbauten ihre Spuren an einem Gebäude. Hier wurde das Dach abgeflacht, die alte Dachkante ist noch zu erkennen (1). Der vorspringende Überrest einer Mauer (2) ist die Spur eines heute verschwundenen Baus.

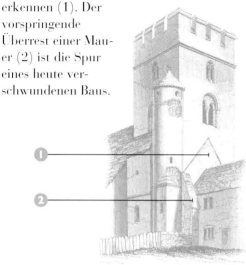

Umgebaute Fenster

Wenn man Merkmale der verschiedenen Stilrichtungen richtig erkennen kann, lässt sich die Entwicklung eines Bauwerks leichter verstehen. Hier wurde ein großes Fenster aus dem 15. Jh., erkennbar an seinem Maßwerk, in zwei Öffnungen aus dem 12. Jh. eingesetzt. Das hilft dabei, den Wandel dieser Kirche im Laufe der Jahrhunderte nachzuvollziehen.

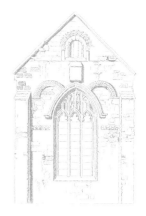

Eigentümlichkeiten

Ungewöhnliche oder unregelmäßige Merkmale sind oft eine heiße Spur für Umbauten eines Bauwerks. Bei der Kathedrale von Canterbury z. B. verrät der Grundriss der Ostanlage (hier rechts), dass ein älterer Bau nur zum Teil abgerissen war, als die neue Ostanlage der Kathedrale zwischen 1175 und ca. 1183 erbaut wurde.

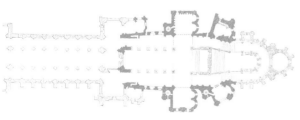

Zwischenboden

Dieser italienische Profanbau muss im 18. Jh. mit einem Zwischenboden versehen worden sein, denn die klassizistischen Fenster der Ladenfront harmonieren nicht mit den sie umrahmenden, ursprünglich offenen Bogen aus dem Mittelalter. Die Außentreppe ist ebenfalls eine Spur für diesen Umbau im Gebäudeinneren.

Einführung

Die Funktion eines Gebäudes beeinflusst sein Erscheinungsbild. Viele Bauwerkstypen haben eindeutige Merkmale, etwa einen Kirchturm oder Schaufenster – sie sind einfach zu erkennen. Oft haben diese Merkmale sowohl einen praktischen als auch einen dekorativen Zweck. In einem Kirchturm sind z.B. Glocken aufgehängt, die zum Gebet rufen. Sind Sie mit den Schlüsselmerkmalen vertraut, können Sie die verschiedenen Gebäudetypen voneinander unterscheiden. Oft werden auch Merkmale eines Typs als dekoratives Element eines völlig anderen verwendet, etwa um zwei Bauweisen miteinander zu verbinden.

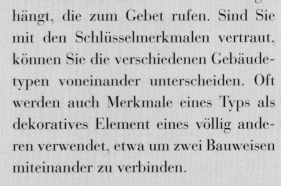

Kirchturm
Viele Bauwerkstypen haben besondere Merkmale, die sie von anderen unterscheiden, z.B. das Minarett einer Moschee, der breite Eingang eines Lagerhauses oder die riesigen Fenster von Geschäften. Der Turm von St Pancras (erbaut 1819–22) in London weist das Gebäude klar als Kirche aus, obwohl es eine Tempelfassade als Schmuck hat.

Tempelfassade

Die charakteristische Fassade eines antiken Tempels mit seinem säulengetragenen Giebel verbirgt die Cella (Kammer mit Götterbild), wie hier beim Tempel des Dionysos, Teos, Türkei. Tempelfassaden fanden als Schmuckelement breite Verwendung in Renaissance, Barock und Klassizismus.

Mix der Merkmale

Sehr nützlich ist, die Schlüsselmerkmale verschiedenster Bauwerkstypen zu kennen, weil Gebäude oft

unterschiedliche Elemente in sich vereinen. Beispielsweise hat der Rittersaal der Burg in Malbork (Marienburg), Polen, die Form eines Wehrturms, der ergänzt ist um große dekorative Fenster, typisch für einen Adelssitz.

Bahnhof

Neue Funktionen erforderten die Entwicklung neuer Bauwerkstypen wie etwa Bahnhöfe. King's Cross (erbaut 1851–52) in London war einer der ersten überhaupt. Er hat eine riesige überwölbte Halle, einen markanten Uhrenturm und einen weitläufigen Wartebereich.

Terrasse mit Kolonnade

Die Park Terrace in London, entworfen von John Nash im frühen 19. Jh., besteht aus einer langen Reihe aneinanderhängender Häuser; die vorgebaute Kolonnade vervollkommnet sie zu einem Ensemble, zu einem Ganzen, das stärker wirkt als die Summe seiner Teile.

Sakralbauten

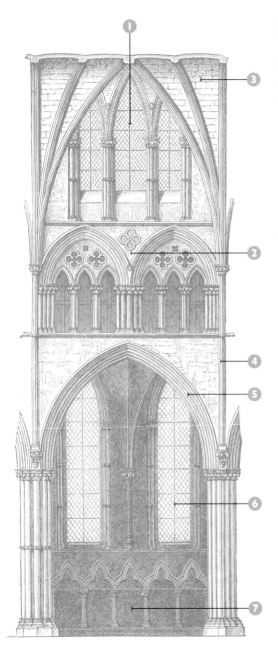

Sakralbauten sind je nach Religion ganz unterschiedlich, aber ihre Gemeinsamkeit ist meist ein Versammlungsraum für Gläubige. In vielen Religionen besteht für diesen Raum Geschlechtertrennung, es kann auch separate Bereiche für solche geben, die noch keine vollwertigen Mitglieder der Gemeinschaft sind. Religionen mit priesterlichen Ritualen (z. B. die Messe der Christen) haben meist einen diesem Zweck vorbehaltenen Platz im Raum, der von dem für die Gläubigen getrennt und manchmal auch verborgen ist. Gotteshäuser gehören oft zu den bedeutendsten Bauten eines Ortes und haben in vielen Fällen markante Kuppeln oder hohe Türme, die die Silhouette der Ortschaft prägen.

Aufriss einer Kirche

Große mittelalterliche Kirchen sind mehrgeschossige Gebäude: der Aufriss links zeigt ihre senkrechte Ansicht. Schlüsselmerkmale eines Kirchen- oder Kathedralenaufrisses sind: Fenster des Lichtgadens (oben, 1), Triforium (2), Gewölbe (3), Gewölbedienste (4), Mittelschiffarkaden (5), Seitenschifffenster (6) und Blendarkaden (7). Beachten Sie bitte: Nicht alle Kirchen haben all diese Merkmale.

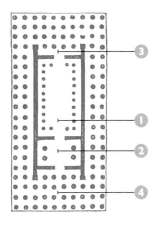

Plan eines Tempels

In der Cella (1), dem fensterlosen Hauptraum eines griechischen Tempels, stand das Götterbild. Die Cella war Priestern vorbehalten. Davor lag der Pronaos (2), dahinter der Opisthodomos (3). Das Ganze war meist umgeben von einem Säulenkranz oder Peristyl (4).

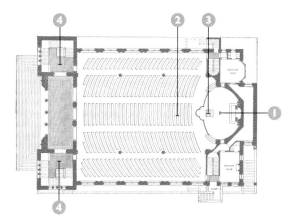

Synagoge

Eine Synagoge ist ein jüdisches Gotteshaus und hat einen erhöhten Standort im Osten (1) mit dem Schrein für die Gesetzesrollen, eine Halle (2) mit Sitzreihen und ein Lesepult oder Bima (3). Hier in der El-Beth-Synagoge in New York (1892) gibt es außerdem Frauenemporen (4).

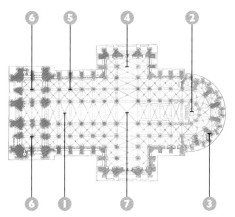

Plan einer Kirche

Eine christliche Kirche hat zwei Hauptbestandteile: das Mittelschiff (1), wo sich die Gläubigen versammeln, und den Chor (2) für die Geistlichen. Großkirchen wie der Kölner Dom (oben) sind komplexer, oft mit mehreckigem Chorschluss (3), Querhaus (4), Seitenschiffen (5), Westtürmen (6) und zentraler Vierung (7).

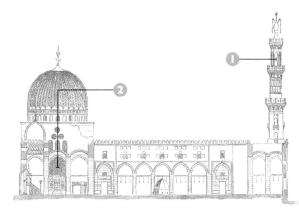

Moschee

Islamische Bethäuser nennt man Moscheen. Schlüsselmerkmale sind ein hoher Turm oder Minarett (1) für den Gebetsrufer und ein großer, meist überkuppelter Saal (2), wo die Gläubigen beten und Predigten hören. Oben sehen Sie die um 1149 erbaute Sultan-Barquq-Moschee in Kairo, Ägypten.

Burg, Schloss & Palast

Eine Burg ist ein befestigter Verteidigungsbau, ein Schloss bzw. Palast ein großer Königs- oder Adelswohnsitz. Die Übergänge sind jedoch seit dem Mittelalter fließend: Es gab Burgen als luxuriöse Wohnsitze genauso wie stark befestigte Schlösser. Türme waren ein wichtiger Teil mittelalterlicher Festungsbauten und Adelssitze. Ab dem 17. Jh. wurden Verteidigungsbauten und Adelswohnsitze zunehmend voneinander getrennt: Schloss- bzw. Palastarchitektur als Aushängeschild für Wohlstand und Ansehen des Eigentümers entwickelten sich. Viele große Anwesen wurden im 18. und 19. Jh. erbaut, neue Gebäudeformen – etwa das Grandhotel – bedienten sich der Formensprache von Schloss und Palast.

Mittelalterliche Burg
Der alte Louvre in Paris (dessen Überreste unter dem heutigen Louvre zu besichtigen sind) war eine wehrhafte Schutzburg mit Torhaus (1), Ecktürmen (2) und zentralem Bergfried (3), hatte aber auch prunkvolle Wohnräume (4) und eine Kapelle (5) für den König und seine Familie.

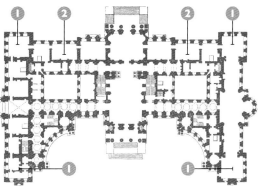

Renaissance-Palast

Der Palazzo Medici in Florenz (begonnen 1444) ist ein typisch italienischer Renaissance-Palast mit festungsartiger Front. Im Erdgeschoss befinden sich Lagerräume und ein Durchgang zum Haupthof. Man wohnte in den oberen Geschossen, die große zweiteilige Bogenfenster haben.

Schloss mit Türmen

Schloss Blenheim in Oxfordshire (England) wurde 1705–22 für den Herzog von Marlborough erbaut. Die Ecktürme (1) sollen Wehrhaftigkeit und Stärke suggerieren, sind aber Schmuck ohne Schutzfunktion. Zeittypisch bilden die prunkvollen Haupträume eine Enfilade (2), eine Zimmerflucht mit Türen in einer Achse.

Millionärsvilla

Die äußerst wohlhabenden Handels- und Industriemagnaten bauten sich im 19. Jh. wahre Paläste. Ein Beispiel hierfür ist »The Breakers«, ein Haus im italienischen Stil der Familie Vanderbilt in Newport (Rhode Island, USA) – es hat 78 Zimmer. Es wurde 1893–95 erbaut, entworfen von Richard Morris Hunt.

Grandhotel

Hotels wurden im 19. Jh. ein immer wichtigerer Gebäudetyp, da die Weiterentwicklung von Eisenbahn und Dampfschiff für Massentourismus sorgte. Die riesigen Bauten bedienten sich der Palastformensprache. Das Raffles Hotel (1887) in Singapur z. B. verbindet Palladiofenster mit lokalen Elementen.

Wohnhäuser

Häuser sind der am weitesten verbreitete Gebäudetyp. Ihre Gestaltung hat sich im Lauf der Jahrhunderte enorm verändert. In der antiken Welt – und in vielen heißen Ländern der Erde noch heute – bestanden Häuser aus einem Innenhof mit umliegenden Räumen. Im Europa des Mittelalters war das Schlüsselmerkmal für Häuser eine große offene Halle, die als Küche, Ess- und Schlafraum diente. Im 16. Jh. wurden einzelne Zimmer auch in den oberen Etagen immer üblicher. Das Städtewachstum führte schließlich zur Entwicklung von Reihenhäusern – Häuser, die in einer geschlossenen Reihe stehen.

Etruskisches Atrium
Dieses etruskische Atrium (*Atrium tuscanicum*) zeigt die reiche Innenausstattung altrömischer Häuser. Das nach oben teilweise offene Atrium in der Hausmitte hat eine Kassettendecke und freskierte Wänden. Von hier aus waren die umliegenden Räume zugänglich; außerdem gab es eine zentrale Wasserversorgung.

Große Halle

Die große Halle stellte den Hauptwohnraum eines mittelalterlichen Hauses
dar. Sie war gemeinschaftlicher Ess- und
Schlafplatz, zum Dach hin offen und hatte
große Fenster. Ihre beiden Tore ermöglichten den Zugang zu den Vorratskam-
mern für das Einlagern von Futter und
Lebensmitteln.

Gestuftes Stadthaus

Auch ohne es zu betre-
ten, kann man sofort
erkennen, dass dieses
mittelalterliche franzö-
sische Haus mehrstö-
ckig ist. Die vorsprin-
genden Teile sind die
Enden von Deckenbal-
ken und dienen der
Verstärkung des Ge-
bäudes. Oft sind sie an
der Hausfront reich
verziert.

Vorstadthaus

Warum kann man sicher sein, dass das ein
Wohnhaus und kein Ladenlokal ist? Zum
Teil wegen seiner Größe – nicht zu groß und
nicht zu klein. Aber auch, weil es nur einen
Eingang gibt und die Fenster alle in etwa
gleich groß sind – anders als Schaufenster,
die im Erdgeschoss größer wären.

Apartmenthaus

Die Highpoint-Wohnblöcke (erbaut um
1935) in London-Highgate sind Hochhäu-
ser mit einzelnen Wohnungen. Erkennbar
ist das an den zahlreichen Stockwerken bei
nur einem Eingang und an den vielen Fenstern. Sie sollten für viel Licht und frische
Luft sorgen.

Öffentliche Gebäude

Die meisten Länder haben öffentliche Gebäude: Bürger-
und Kommunalbauten, Bauten für kulturelle Großveran-
staltungen und öffentliche Sammlungen. Dazu zählen
Theater, Regierungsgebäude, Bibliotheken und Museen.
Sie haben eine eigene architektonische Formensprache,
die anders ist als die von Sakralbauten, Wohnhäusern
und Gewerberäumen. Manche Schlüsselmerkmale – wie
etwa markante Türme von Rathäusern – erkennt man
auf den ersten Blick. Öffentliche Gebäude haben meist
eine typische Innengestaltung, z.B. den Zuschauerraum
eines Theaters oder die offenen Galerien eines Museums.

Theater
Dieser Schnitt eines an-
tiken Theaters beweist
seine Ähnlichkeit mit
modernen Theaterbau-
ten. Die Sitzreihen sind
ansteigende Ränge für
optimale Sicht. Die
Schauspieler agierten
auf einer erhöhten
Bühne, die Musiker
und Tänzer auf der Or-
chestra davor. Dahinter
befanden sich Umklei-
de- und Lagerräume.

Rathaus

Das spätgotische Rathaus in Brüssel, Belgien, 15. Jh., hat einen auffälligen Turm, einst mit Uhr und Glocken ausgestattet. Durch seine Höhe konnte man die Uhr sogar von fern gut sehen; außerdem war er ein Zeichen für Stolz und Stärke der Stadt.

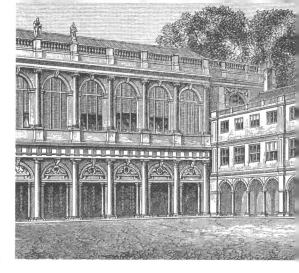

Bibliothek

Eine Bibliothek war schon immer wichtig für Schulen, Hochschulen und Universitäten. Die Bibliothek des Trinity College (17. Jh.) in Cambridge, England, hat große Fenster, die für gutes Licht im Lesesaal im oberen Stock sorgen. Hinter den Arkaden unten befinden sich die Buchmagazine.

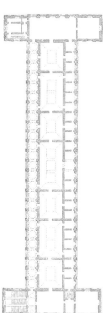

Museum

Öffentliche Museen waren im späten 18. Jh. ein neuer Gebäudetyp: die Alte Pinakothek in München ist eines der ältesten. Sie besteht aus einer Reihung von Galerien in der Mittelachse mit Licht von oben, von der kleinere Galerien abzweigen – ein Konzept, das für Museumsbauten auch heute noch verbreitet ist.

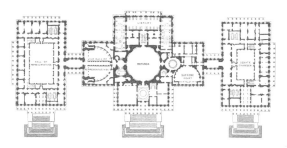

Regierungsgebäude

Die Architektur des Kapitols in Washington, D. C., spiegelt die Struktur der US-Regierung mit ihren beiden gewählten Organen Senat und Repräsentantenhaus. Sie haben je eine große Kammer an den Enden des Komplexes. Im Zentrum befindet sich eine überkuppelte Eingangsrotunde.

Gewerbliche Gebäude

Jede Gesellschaft, die kauft, verkauft oder produziert, braucht Orte, wo Ware hergestellt und gelagert werden kann, an denen sich Käufer und Verkäufer treffen können. Ein Verkaufsort kann einfach eine auf dem Boden ausgebreitete Decke sein. Mit der Entwicklung der Städte wurden jedoch gewerbliche Gebäude notwendig, in denen Waren sowohl gelagert als auch verkauft werden konnten. Wegen der räumlichen Enge in den Städten kombinierte man oft Wohn- und geschäftliche Nutzung und begann mit der Vermietung von Räumen. Im 19. Jh. entwickelte sich das Kaufhaus als Verkaufsort für Waren aller Art.

Stoa
Die altgriechische Stoa, eine ein- oder zweigeschossige Säulenhalle, war ein antikes Einkaufszentrum und häufig von einem Marktplatz umgeben. Vor die geschlossene Rückwand baute man kleine Ladenlokale, die offene Säulenhalle davor bot Käufern und Spaziergängern einen schattigen Laufgang.

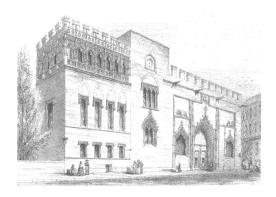

Handeln & Wohnen

Die Enge in den Städten führte oft dazu, dass sich Geschäft und Wohnung im selben Haus befanden. Dieses spätmittelalterliche französische Gebäude hat einen Laden im Erdgeschoss; darüber befinden sich mehrere Stockwerke mit Wohnungen, die wohl von verschiedenen Familien genutzt wurden – ganz wie in einem modernen Mietshaus.

Handelshaus & Markthalle

Der mehr und mehr länderübergreifende Handel im Mittelalter brachte spezielle Gebäude für Verkäufer in Handelszentren wie etwa Hafenstädten hervor. Die spätmittelalterliche Casa Lonja in Valencia (Spanien) hat zum Schutz der dort gelagerten Waren dicke Mauern und gut gesicherte Fenster.

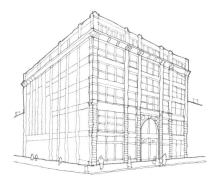

Kaufhaus

Kaufhäuser wie Bloomingdale's in New York wurden im 19. Jh. erfunden und führten ein breites Sortiment an Waren zusammen, die zuvor in verschiedenen Läden verkauft worden waren. Sie können sie leicht am markanten und einladenden Eingangsbereich sowie an den großen Schaufenstern auf Straßenebene erkennen.

Warenhaus

Das Warenhaus der Brüder Dalton (spätes 19. Jh.) in Sydney (Australien) hat Einfahrten für Pferdewagen und Schaufenster im Erdgeschoss. Solche Bauten waren ideal für Warenlagerung und Geschäftsabwicklung. Sie wirkten außerdem wie eine Großreklame für den Eigentümer, da sie die neuesten Bautrends aufgriffen.

Einführung

Die Stilkunde hilft beim Erkennen der Bauepoche und meist auch des -zwecks. Daher geht es hier um Schlüsselmerkmale einzelner Stile. Bauweisen haben sich im Lauf der Zeit enorm gewandelt; aber es wurden immer wieder auch ältere Stilmerkmale aufgegriffen. Architekturstile haben zwei Schlüsselkomponenten: einzelne Schmuckelemente und die Gesamtgestaltung aller Gebäudeteile. Selbst wenn sowohl antiker Tempel als auch gotische Kathedrale spitz zulaufende Giebelfelder haben, lässt sich der Tempel problemlos von der Kathedrale unterscheiden – durch Aussehen und Position der Giebel etwa oder durch den Einsatz von Maß- und Strebewerk bei der Kathedrale.

Zitieren von Motiven
Die meisten Architekturstile verwenden sowohl ältere Motive als auch solche ihrer Zeit. In der Renaissance (hier die Scuola Grande di San Marco, ca. 1488–95; Venedig) zitierte man viele antike Motive, z.B. Gebälk über Bogen, Giebelfeld und Kassettierung, kombinierte sie aber völlig neu.

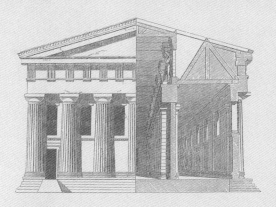

Struktur eines Tempels

Die Schlüsselmerkmale eines griechischen Tempels – Dreiecksgiebel und Säulenkranz – hatten strukturierende und dekorative Aufgaben. Wie Sie hier erkennen können, trugen die Säulen die Decke über einem geöffneten Umgang, der Giebel verbarg die Dachkonstruktion der zentralen Cella und des Säulenkranzes außen.

Römische Arkade

Unter säulengetragene Balken gesetzte Bogen sind ein Schlüsselmerkmal antiker römischer Architektur (wie hier beim Marcellustheater, um 13 v. Chr., Rom). Diese Bauform ist eine Weiterentwicklung des relativ schwachen altgriechischen Architravbaus aus Stütze und Balken.

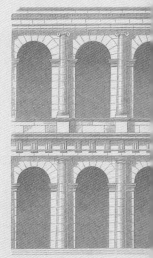

Gotisches Fenster

Alle Hauptelemente der Gotik finden sich in diesem Fenster aus dem 14. Jh. (Kathedrale von Chartres) wieder: Spitzbogen, reich verzierte Fensterbekrönung, Maßwerkfenster und Nischen mit Skulpturen. Wenn Sie solche Details erkennen, können Sie leichter herausfinden, wann und zu welchem Zweck ein Bauwerk errichtet wurde.

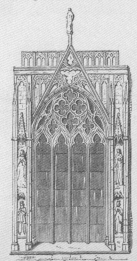

Klassizistische Details

Baustile zitieren zum Teil besondere Abschnitte der Geschichte oder stehen symbolhaft für bestimmte Merkmale, z. B. Wohlstand oder Klasse. Der Planer dieses amerikanischen Vorstadthauses aus dem frühen 20. Jh. verwendete klassizistische Elemente, um die Herrlichkeit der Südstaaten Amerikas vor dem Bürgerkrieg heraufzubeschwören.

Griechisch

Die Architektur der griechischen Antike bestand in der Hauptsache aus Holzkonstruktionen (mit Pfosten und Querbalken) bzw. Architravbauten aus Stein; die meisten erhaltenen Bauwerke sind Tempel. Der Architrav ruhte auf Säulenreihen und trug ein Schrägdach, das den Bau in seiner Gesamtlänge bedeckte. Das dreieckige Giebelfeld der Tempelfront war oft reich verziert – ein Schlüsselmerkmal für den griechischen Stil. Strenge Proportionsregeln – die sogenannten Ordnungen – bestimmten das Gesamtbild des Tempels und gaben auch Säulengröße und -form, Kapitellschmuck und Gestaltung des Gebälks darüber vor.

Frühe korinthische Ordnung
Eines der frühesten Beispiele der verschnörkelten korinthischen Ordnung ist das Lysikratesmonument (335–334 v. Chr.) zu Füßen der Akropolis in Athen. Es trug ursprünglich einen Bronzedreifuß. Der Chorführer Lysikrates hatte ihn bei einem Musikwettbewerb gewonnen; das Monument mit dem Siegespreis war Lysikrates' Dankesgabe an die Götter.

Dorische Ordnung

Sie war typisch für das griechische Mutterland. hat einfache Kapitelle. kannelierte Säulen und geschlitzte Triglyphen im Wechsel mit glatten oder skulptierten Metopen. Anders als die späteren römisch-dorischen haben dorische Säulen der Griechen keine Basis. Sie verjüngen sich nach oben. was sie eleganter macht.

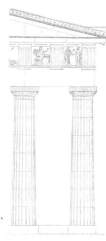

Plan eines Tempels

Die Gestaltung griechischer Tempel beruhte auf strengen Proportionsregeln für alle Bauelemente und umfasste meist ein Peristyl (Kolonnade) um den inneren Kern. der aus Vorhalle (Pronaos). Cella bzw. Naos und Rückhalle (Opisthodomos) bestand.

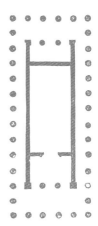

Cella

Die Cella im Zentrum eines griechischen Tempels war Priestern vorbehalten und Aufbewahrungsort für das Götterstandbild. dem die Gläubigen Opfergaben darbringen konnten. Sie war umschlossen von einem Säulenkranz. der Altar stand meist auf der obersten Stufe des Tempelunterbaus. dem Stylobat.

Farbiges Dekor

Oft meint man. die griechische Architektur zeichne sich durch die Verwendung von rein weißem Marmor aus: ursprünglich aber war sie vermutlich leuchtend bunt bemalt. Diese Illustration zeigt die mögliche Bemalung eines heute schmucklosen dorischen Kapitells mit geometrischen und pflanzlichen Mustern.

Römisch

Die Römer machten viele wichtige Entdeckungen auf dem Gebiet der Technik, etwa Konstruktionsmöglichkeiten für Bogen, Einsatz von Beton und Weiterentwicklung der Kuppel. Diese Innovationen ermöglichten den Bau größerer und komplexerer Gebäude als mit der griechischen Architravbauweise. Der Einsatz von Bogen – insbesondere solche in Kombination mit Säulen und Gebälk – erweiterte auch die Möglichkeiten der Römer in Sachen Bauschmuck. Wände und Decken wurden ebenfalls reicher verziert. Später sahen Kritiker dieses Verschwenderische in der Architektur als ein Symbol für Dekadenz und Niedergang des Römischen Reiches.

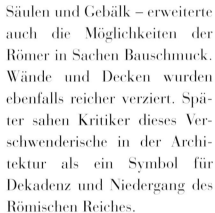

Römische Ausarbeitung
Römische Architektur, besonders die Tempelbaukunst (hier der Tempel des Portunus, 1. Jh. v. Chr.), teilt viele Schlüsselmerkmale mit der der Griechen, etwa den prominenten Portikus, Anwendungen der Ordnungen (hier ionisch) und gestuftes Podium. Aber sie war meist ausgefeilter und reicher verziert.

Bogenkonstruktion

Das Leitmotiv Bogen in einem Gitterrahmen aus Vertikalen (Säulen) und Horizontalen (Gebälk) – wie hier beim Kolosseum in Rom – ist ein römisches Schlüsselmerkmal. Man wollte die Optik des Architravbaus erhalten (säulengestützter Querbalken), auch wenn die Baumasse jetzt hauptsächlich von den Bogen getragen wurde.

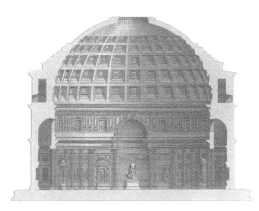

Betonkuppel

Die charakteristische Betonhalbkuppel und der reiche Bauschmuck im Inneren des Pantheons (Rom; ca. 118–128 n. Chr.) beeinflussten spätere Baustiele maßgeblich. Das Pantheon war ein allen Göttern Roms geweihtes Heiligtum, im frühen 7. Jh. wurde es in eine Kirche umgewandelt. Die gewaltige Kuppel wurde erst in der Renaissance an Größe übertroffen.

Spätrömischer Palastkomplex

Der spätrömische Kaiser Diokletian ließ einen weitläufigen Palast- und Tempelkomplex in Split/Kroatien erbauen (ca. 300–306 n. Chr.). Der Eingangshof – hier mit später ergänzten Gebäuden – hat eine Arkade mit korinthischen Säulen. Auffällig sind das schwere Kranzgesims und die von einem Außenrahmen befreiten Bogen.

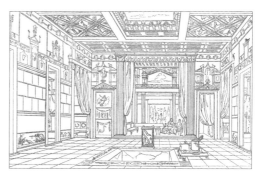

Römisches Stadthaus

Die Ausgrabung der untergegangenen Stadt Pompeji (bei Neapel) im 18. Jh. war bedeutend für die Entwicklung klassizistischer Architektur, weil sie eine römische Stadt u. a. mit Häusern, Basiliken und Bädern in einem im Vergleich zu vielen früheren Funden beeindruckend guten Zustand ans Tageslicht brachte.

Frühchristlich
& Byzantinisch

Das Christentum wurde 326 n. Chr. offizielle Religion des Römischen Reiches – eine Folge der Konvertierung Kaiser Konstantins. Römische Bauformen wurden den neuen Bedürfnissen der Christen angepasst: die Basilika – einst Versammlungsraum – mit Seitenschiffen wurde zur Grundform christlicher Kirchen. Auch den Bauschmuck passte man der neuen Religion an. Römische Bautraditionen traten nach dem Untergang des Weströmischen Reiches (5. Jh.) in Europa massiv in den Hintergrund, behaupteten sich aber im Osten: im Byzantinischen Reich mit seiner Haupstadt Konstantinopel (heute Istanbul, Türkei).

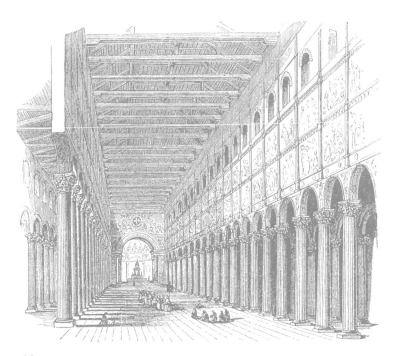

Basilika mit Seitenschiffen
Der typische Plan einer fünfschiffigen Basilika hatte ein hohes Mittelschiff mit Lichtgaden und niedrigeren Seitenschiffen, wie hier in San Paolo fuori le Mura, Rom, erbaut während Konstantins Regierungszeit. In der Apsis – in römischen Basiliken wurde hier Gericht gehalten – stand der Altar, die Gemeinde versammelte sich im Mittelschiff.

Kuppelbasilika

Die Basilika wurde durch die Einführung einer Zentralkuppel weiterentwickelt, die für mehr Licht im Gebäude sorgte. Die Hagia Sophia (532–37 n. Chr.) in Konstantinopel (Istanbul) ist eines der bedeutendsten Beispiele für eine Kuppelbasilika. Außer der Hauptkuppel hatte sie Nebenkuppeln und einen kreuzförmigen Grundriss.

Narthex

Der Narthex (die Vorhalle) war wichtiger Bestandteil frühchristlicher Kirchen. Ungetaufte durften dem Gottesdienst nicht unmittelbar beiwohnen: daher zogen sie sich während seines zweiten Teils in den Narthex zurück. Alt-St. Peter in Rom hatte außerdem einen Freilichtvorhof (Atrium), in dem viele Menschen Platz fanden.

Mosaikschmuck

Frühchristliche und byzantinische Kirchen – hier Santa Costanza, Rom – waren innen oft mit Mosaiken überladen: Bilder aus kleinen Würfelchen aus farbigem Glas und Stein. Speziell für den Hintergrund verwendete man auch goldbeschichtete Würfel, die für einen schimmernden, unweltlichen Effekt sorgten.

Christliches Kapitell

Byzantinische Kapitelle waren stilisierende Abwandlungen korinthischer Kapitelle. In diesem Beispiel aus dem Markusdom (Venedig) umranken stilisierte, aber noch erkennbare Akanthusblätter ein christliches Kreuz. Tiere und Pflanzen wurden jedoch auch bis auf ihre pure geometrische Form reduziert.

Romanisch

Romanische Architektur zeichnet sich aus durch Rundbogen, wuchtige Mauern und variantenreichen Bauschmuck. Der romanische Stil entwickelte sich um
1000 n. Chr. und war in Europa bis ins späte 12. Jh. verbreitet; dann wurde er vom gotischen Stil ver-
drängt. Seine Bezeichnung leitet sich ab von *art
roman* (franz.: »römische Kunst«), weil er an die
altrömische Bauweise erinnert. Daneben gibt es
die Bezeichnung »normannischer Stil« – z. B. in
England verbreitet nach der Eroberung durch
die Normannen (1066). Viele der schönsten
erhaltenen romanischen Bauwerke findet
man am Pilgerweg zur Kathedrale von Santiago de Compostela in Nordspanien.

Kapellenkranz
Die kleinen Chorkapellen
nehmen die Linie der
Hauptapsis auf und
finden eine Entsprechung
im Turmaufsatz darüber.
Sie lassen das Äußere
von St-Sernin (Toulouse/
Frankreich; 1080–90)
durch Häufung relativ
einfacher Formen sehr
kraftvoll wirken. Die
Stufen mit Rund-
bogenfenstern und
Blendarkaden sorgen für
waagerechte Gliederung.

Romanischer Aufriss

Beim typisch romanischen Wandaufbau tragen Bündelpfeiler die Rundbogen der Mittelschiffarkaden, hier in der Kirche Sainte-Trinité im französischen Caen. Der Dienst im Zentrum sorgt für senkrechte Gliederung in Felder, die Blendarkaden des Triforiums für waagerechte. Die Fenster oben haben links und rechts Blendnischen.

Schmucke Vielfalt

Vielfalt, insbesondere im Bauschmuck, ist eines der Kennzeichen der Romanik. Im Kreuzgang von San Paolo fuori le Mura in Rom beispielsweise unterscheidet sich jedes Säulenpaar vom benachbarten; manche Säulen weichen sogar innerhalb der Paare voneinander ab. Auch die Kapitelle sind ganz unterschiedlich gestaltet.

Blendarkaden

Romanischer Bauschmuck ist meist nicht sehr zart und besteht häufig aus geometrischen bzw. grotesken tierischen und menschlichen Formen. Ein Zeitgenosse sagte über die Ornamentierung dieser Blendarkaden der Kathedrale von Canterbury, sie seien mit der Axt und nicht mit dem Meißel gearbeitet.

Romanisches Portal

Insbesondere die Portale romanischer Kirchen waren reich verziert, was die Überleitung von der säkularen Außenwelt in die heilige Welt des Gotteshauses betonen sollte. Der Bauschmuck wollte im Betrachter Ehrfurcht und religiöse Inbrunst erzeugen – hier mit Christus als Weltenrichter und Szenen mit Heiligen und Sündern.

Gotisch

Die Entwicklung des Spitzbogens im 12. Jh. eröffnete der Architektur eine Fülle neuer Möglichkeiten und gipfelte im gotischen Stil. Bauten der Gotik sind viel höher und wirken leichter als ihre romanischen Vorläufer – und sie haben größere Fenster. Man entwickelte das Maßwerk (Steingitter in den Fensteröffnungen). Kreuzrippengewölbe wurden Standard. Der enorme Wissenszuwachs der Baumeister im Spätmittelalter führte zu neuer, komplexerer Architektur. Insbesondere ermöglichte die Ogive – der kielbogenförmige Spitzbogen – die Entwicklung von virtuosem Maßwerk und Schmuckmustern und die Konstruktion breiterer, stumpferer Bogen.

Französische Frühgotik
Typisch für die Frühgotik in Frankreich ist die Westfassade der Kathedrale von Chartres mit ihren drei Portalen und drei Rundbogenfenstern sowie einer Fensterrose darüber, flankiert von hohen Spitztürmen. Die Rippengewölbe im Inneren korrespondieren mit dem Strebewerk außen.

Eleganter Chorumgang
Gotische Künstler schufen äußerst Zartes aus Stein. weniger aus Metall. wie dieser Chorumgang der Kathedrale (frühes 13. Jh.) von Auxerre (Frankreich) zeigt. Obwohl die Mauern tatsächlich sehr solide sind. wirken sie durch schlanke Dienste. viele hohe Fenster und Blendarkaden wundersam leicht.

Decorated Style
Im England des 14. Jh.s herrschte dieser Stil vor – so benannt wegen seiner reichen Flächendekoration. Hier im Kapitelsaal der Kathedrale von Wells (frühes 14. Jh.) setzt sich der zentrale Dienst aus vielen Einzeldiensten zusammen. das Gewölbe hat zahlreiche Rippen. und die Maßwerkmuster sind hochkomplex.

Englischer Perpendicular Style
Für diesen spätgotischen Stil charakteristisch sind senkrechtes Stabwerk und waagerecht verlaufendes Maßwerk zur Gliederung von Fenstern. Dieses Beispiel in Hull (England: 15. Jh.) verwendet Spitzbogen und Ogiven. was ein komplexes. sich überkreuzendes Muster ergibt.

Gotisches Marktkreuz
Nicht nur Kirchen wurden im gotischen Stil erbaut. Hier ein sehr weltliches gotisches Marktkreuz (um 1500) in Chichester. England. Solche Bauwerke lenkten den Blick auf den Markt und boten zugleich ein Schutzdach. Das Marktkreuz von Chichester hat auch eine Uhr – eine Erfindung des 14. Jh.s.

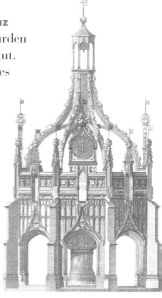

Renaissance

Im 15. Jh. lehnten italienische Architekten den teils über-
bordenden Formenreichtum der Gotik mehr und mehr ab
und ließen sich von antiken Vorbildern inspirieren. Man
führte die klassischen Ordnungen wieder ein, integrierte
Giebel, mächtiges Gebälk, Flachdächer und andere römische Motive in einen neuen Baustil, der sich im 16. und
frühen 17. Jh. in ganz Europa ausbreitete. Außerhalb
von Italien wichen die Architekten stärker von den strengen Regeln der Ordnungen ab und entwickelten völlig
neue Varianten, z.B. reich verzierte Giebel und Schweifwerk. All'antica-Motive nach Vorbildern der Antike wie
Obelisken, Urnen, Pflanzenranken und
verspielte Putten wurden äußerst beliebt.

Kirche mit Giebel
Die Vorhalle von
Sant'Andrea (um 1470)
in Mantua (Italien)
kombiniert die römischen
Vorbilder Tempel und
Triumphbogen durch vier
Großpilaster, die einen
Giebel tragen.
Sant'Andrea ist als
Wandpfeilerkirche ein
Prototyp im christlichen
Kirchenbau, der neben die
Form der Basilika tritt.

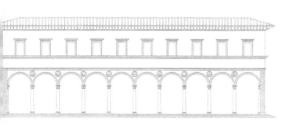

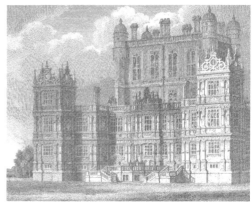

Arkaden und Gebälk

Bauten der italienischen Frührenaissance waren beeindruckend schlicht: hier als Beispiel die Loggia di San Paolo (Florenz: um 1490). Einfache Rundbogen ruhen auf korinthischen Säulen in der Vertikalen und sind nur mit Medaillons geschmückt. Horizontale Elemente sind das Gebälk und die Fensterreihe darüber.

Symmetrische Fassade

Ein Ideal der Renaissance war Symmetrie. Im Entwurf der Wollaton Hall in Nottingham (England) schuf Robert Smythson eine absolut symmetrische Eingangsfront mit Fenstern, deren gleichmäßige Größen keine Rückschlüsse über die Art der Räume dahinter zulassen – im Gegensatz zum Mittelalter, als das möglich war.

Die Renaissance des Nordens

Die Renaissance-Architekten in Nordeuropa adaptierten gerne verschiedenste Motive. Der kunstvolle Giebel des Rathauses (1596) von Leiden, Niederlande, wird von etlichen Obelisken bekrönt. Seine Giebelfelder durchbrechen die starke Horizontale der Geländer. Unterschiedliche Säulen und Pilaster werden frei kombiniert.

Antikisierende Motive

Das Dekor der Renaissance hatte die Antike zum Vorbild. Sehr beliebt waren u. a. Urnen, Grotesken, Muscheln, Vasen und Kartuschen. Antikisierende Musterblätter fanden als Drucke Verbreitung – was natürlich mit der Entwicklung der Druckerpresse im 15. Jh. viel einfacher und kostengünstiger wurde.

35

Barock & Rokoko

Der barocke Stil entwickelte sich im frühen 17. Jh.; charakteristisch wurde die Raffinesse in der Ausarbeitung von Raum und Details. Die Baumeister kombinierten klassische Motive mit großem Gespür für Theatralik neu. Typisch war die Kolossalordnung, eigene Motive wie der gesprengte Giebel wurden entwickelt. Barock ist hauptsächlich ein Stil europäischer Schlossarchitektur sowie römisch-katholischer Kirchen der Gegenreformation. Rokoko ist die weichere, regelärmere Variante, die sich in Paris im frühen 18. Jh. entwickelte. Man assoziiert diesen Stil meist mit Innenausstattung; typisch sind leichte, verspielte Ornamente in Muschel- (Rocaille) oder C-Form sowie als Schnecke.

Geschwungene Fassade
Francesco Borromini gehört zu den bedeutendsten Barockarchitekten. Seine Kirchenfassade von San Carlo alle Quattro Fontane (1665–67) in Rom wölbt sich konvex und konkav und springt in der Mitte vor. Dieses Schwungvolle wiederholt sich in der ovalen Kartusche und im Sprenggiebel mit Kielbogen.

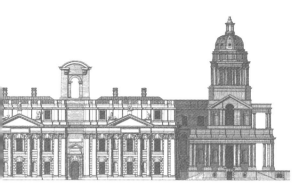

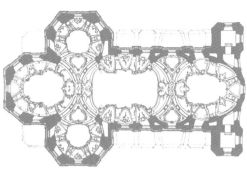

Monumentalmotive

Schlüsselmerkmale des Barock sind u. a. etagenübergreifende Pilasterkolossalordnungen, Sprenggiebel und mächtige Schlusssteine über Fenstern. All das kann man beim Greenwich Hospital (um 1695) in London neben Rustikamauerwerk sehen. Der Gesamteindruck ist monumental und abwechslungsreich zugleich.

Geschwungener Grundriss

Runde Formen kamen nicht nur bei Aufrissen zum Einsatz. Barock- und Rokokobaumeister verwendeten sie auch für Grundrisse, etwa als sich überschneidende Ovale und Kreise wie hier bei der Basilika Vierzehnheiligen (1742–72) in Oberfranken von Balthasar Neumann. Die Formen wiederholen sich in den Gewölben.

Geschwungener Giebel

Sowohl geschwungene als auch gesprengte Giebel sind typisch barock – Architekten erweiterten so die dekorativen Möglichkeiten klassischer Motive. Dieses Pariser Beispiel hat einen Giebel mit gesprengter Basis auf floral ornamentierten Konsolen; er ist verziert mit einer weiblichen Büste inmitten von Pflanzenranken.

Rokoko-Ornament

C-Formen sind typisch für Rokoko-Ornamentik und wurden häufig kombiniert mit Schnecken, Muscheln (Rocaillen) und Ranken. Man zierte damit nicht nur Architekturelemente wie Fenster und Türen, sondern auch Wände, Decken und andere Flächen. Diese französische Täfelung zeigt eine sehr beliebte Variante.

Palladianisch

Der italienische Architekt Andrea Palladio (1508–80) hatte enormen Einfluss auf spätere Baustile, insbesondere im 18. und frühen 19. Jh. Seine Bauwerke sind gekennzeichnet von begiebelten Tempelfassaden, strenger Symmetrie und dem sogenannten Palladio-Fenster (auch: Serliana). Palladios Arbeiten wurden bekannt durch seine Bücher zur Baukunst. Der erste palladianische Architekt Englands war Inigo Jones (1573–1652), aber erst der Amateurarchitekt Lord Burlington machte den Stil im frühen 18. Jh. populär. Der Palladianismus war in England und den Vereinigten Staaten sehr verbreitet.

Kirche mit Portikus
Typisch palladianisch ist ein Zentralbau mit Tempelfront und Portikus, flankiert von zwei kleineren Pavillons, wie hier bei Inigo Jones' Kirche St Paul's (1631), Covent Garden, London. Die Einflussnahme des Baus blieb durch den Englischen Bürgerkrieg verhalten; der Palladianismus kehrte aber im frühen 18. Jh. nach England zurück.

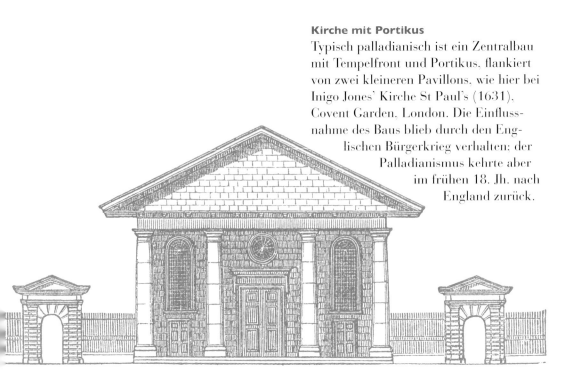

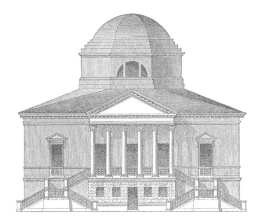

Tempelfassade auf einem Podium

Lord Burlingtons Chiswick House (begonnen 1725) in London, ein einflussreicher palladianischer Bau, steht auf einem Podium. Hier seine Front mit Tempelfassade und halbrundem diokletianischem oder Thermenfenster in der Kuppeltrommel. Die komplexe Treppenanlage verleiht der Fassade bewegte Theatralik.

Kassettierte Rotunde

Das Äußere eines Baus im Palladiostil hat eine klare Linie und lenkt den Blick auf Proportionen und Schlüsselmerkmale. Das Innere aber ist reicher ausstaffiert. Die überkuppelte zentrale Rotunde des Londoner Chiswick House ist kassettiert: Tür, Fenster und Gemälde sind kunstvoll in der Formensprache Palladios ausgearbeitet.

Gaube

Der Palladianismus war einflussreich im kolonialen Amerika. Hier ein typisches Palladio-Fenster als Gaube mit zentraler bogenüberspannter Öffnung zwischen zwei niedrigeren Öffnungen mit Gebälk und Wasserschenkel. Die Rustika-Eckverstärkung und das schwere Gesims sind dabei aus Holz, nicht aus Stein.

Rotunde mit Tempelfront

Ein weiterer typischer Bau im Palladiostil ist die Rotunde der von Thomas Jefferson gegründeten Universität von Virginia. Ihre zentrale Tempelfront hat korinthische Säulen, drei ovale Apsiden bilden einen symmetrischen Grundriss,

der Zentralraum ist bekrönt mit einer Kuppel – die zwei Fenster auf zwei Etagen zeigen aber klar, dass dies ein modernes und kein antikes Bauwerk ist.

Klassizistisch

Die Aufklärung im 18. Jh. führte u. a. zu wissenschaftlichen Studien der Vergangenheit; man interessierte sich stark für Ruinen der griechischen und römischen Antike. Bücher mit Stichen von Bauwerken des Altertums fanden weite Verbreitung, was zu einer Wiedergeburt klassischer Stile – speziell des griechischen – führte; man blieb sehr nah am alten Vorbild. Die klassizistische Baukunst des Greek Revival war äußerst beliebt in Frankreich und den Vereinigten Staaten, wo man auch vom Federal Style sprach, weil seine Einfachheit als passender republikanischer Gegenpol zur Dekadenz und Überladenheit der spätrömischen Architektur und ihrer Nachfolgerstile, wie Barock und Rokoko, empfunden wurde.

Nationalstil
Der Greek-Revival-Stil herrschte im frühen 19. Jh. in Amerika vor. Das Girard-College (1833–48) in Philadelphia, entworfen von Thomas Walter, der auch am Kapitol in Washington beteiligt war, hat die Form eines Tempels. Ein korinthischer Portikus umschließt den Cella-artigen Innenbau, der zwar Fenster hat, durch den Portikus aber dunkel bleibt.

Stilmix

Die Comédie-Française (1787–90) in Paris
vereint griechische, römische und Renaissance-Elemente in einem schlichten und
eleganten Bau. Es hat eine Rustikafassade
und -öffnungen sowie einen vorspringenden
Portikus ohne Giebel – ein beliebtes
Merkmal des frühen Klassizismus. Darüber
befindet sich ein diokletianisches Fenster.

Vereinender Portikus

Diese lange Reihe Londoner Häuser, Park
Crescent, entworfen von John Nash und
1812–22 erbaut, hat einen riesigen
Säulenportikus. Er vereint sie zu einem
Ganzen, das stärker wirkt als die Summe
seiner Teile. Aus der Ferne betrachtet, wirkt
es wie ein einziges palastartiges Gebäude.

Klassizistischer Kamin

Antike Motive waren in der Innen- und
Außengestaltung gleichermaßen wichtig.
Dieser Kamin hat Eierstab- und Mäander-
schmuck, ebenmäßige Frauenköpfe,
Girlanden und eine zentrale Urne – wahrscheinlich gestaltet nach Antikenstichen bzw.
damaligen antiken Funden.

Greek-Revival-Haus

Der Greek-Revival-Stil war beim Hausbau
beliebt, da sich dessen Schlüsselmerkmale
wie Giebel und Portikus leicht anfügen
ließen. Dieses Haus hat einen Portikus mit
sechs Säulen und Pilaster an den Seiten-
wänden; seine Schiebefenster kennzeichnen
es aber klar als einen Bau aus dem 19. Jh.

Gothic Revival (Neogotik)

Ein Wiedererstehen der Gotik begann im späten 18. Jh., zunächst nur mit der Übernahme gotischer Stilelemente wie Maßwerk. Bald aber kopierte man ganze gotische Bauformen, speziell beim Kirchenbau. Häuser im Gothic-Revival-Stil herrschten in England im 19. Jh. vor. Der Stil war Teil einer größeren Bewegung – Picturesque –, die auch Landschaftsgartenbau umfasste. Für den Picturesque-Stil typisch waren Unregelmäßigkeit und Vielfalt, was eine sehr theatralische Wirkung hervorrief. Daher ist Gothic-Revival-Architektur geprägt von bewusster Unregelmäßigkeit – um der Dramatik willen und um das Bauwerk »natürlich gewachsen« erscheinen zu lassen.

Gotik nur zum Schein
Das Herrenhaus Fonthill Abbey, Wiltshire, England, mutet wie eine mittelalterliche Abtei an und war ein Schlüsselbau des frühen Gothic Revival. Viele Bauelemente bestanden hauptsächlich aus Gipsputz und Holz, nicht etwa aus Stein wie im Mittelalter. Es überrascht nicht, dass der riesige Hauptturm kurz nach seiner Erbauung zusammenbrach.

Gothic-Revival-Haus

Der Gothic-Revival-Stil war im Hausbau sehr beliebt, wie dieses Beispiel aus dem frühen 19. Jh. zeigt. Schlüsselmerkmale sind Spitzbogen, Zinnen, ungleiche Kamine, Maßwerkfenster und Eckturm. Die meisten Details sind der Spätgotik entnommen, aber auch Elemente der Früh- und Hochgotik kamen oft zum Einsatz.

Nationalstolz

In England war Gothic Revival ein wichtiger Ausdruck nationalen Stolzes und sollte eine Epoche religiösen und bürgerlichen Selbstbewusstseins ausrufen. Daher wurden viele wichtige öffentliche Gebäude wie hier die Law Courts und auch die Houses of Parliament in London in diesem Stil errichtet.

Gothic-Revival-Kirche

Gothic Revival war ein wichtiger Kirchenstil im 19. Jh., auch in Verbindung mit Versuchen, den religiösen mittelalterlichen Eifer wiederaufleben zu lassen. Kirchen wie die Grace Church in New York kopierten ältere Formen recht genau, aber Ausmaße und Ausarbeitung lassen ihr späteres Baujahr deutlich erkennen.

Städtische Variante

Die Kirche All Saints (1849–59), London, wandelte Gothic-Revival-Details für einen schwierigen und beengten städtischen Raum ab. Der Kirchturm ist sehr hoch, um zu gewährleiten, dass er immer gut sichtbar ist. Die Details sind aus Ziegel und Kacheln, um der städtischen Luftverschmutzung zu trotzen.

Spätes 19. Jahrhundert

Den Architekturstil im späten 19. Jh. nennt man oft Viktorianisch – nach Englands Königin Viktoria (reg. 1837–1901). Dieser Sammelbegriff umfasst verschiedene historisierende Strömungen, die Bezug nehmen auf Antike, Romanik, Gotik und Renaissance und deren Motive und Baumethoden man an die technischen und ästhetischen Bedürfnisse der eigenen Zeit anpasste. Einer dieser Stile war der Beaux-Arts-Stil – ein grandioser Mix aus griechischer und römischer Antike, Renaissance und Barock, meist für große öffentliche Gebäude –, ein anderer, der Queen-Anne-Stil, beliebt für kleinere Gebäude wie Häuser. Gegen Ende des Jahrhunderts kamen völlig neue Stilrichtungen wie Art nouveau und Jugendstil auf.

Beaux-Arts-Stil
Der Beaux-Arts-Stil, benannt nach der Ecole des Beaux-Arts in Paris, zeichnet sich aus durch eklektizistische und häufig grandiose Kombination griechischer, römischer, barocker und Renaissance-Elemente. Die Pariser Oper (eröffnet 1875) zeigt den stiltypisch verschwenderischen Einsatz von Giebeln, Säulen, Kuppeln und Statuen.

Eklektizismus

Die Egyptian Halls (1871–72) in Glasgow
(Schottland) erbaut haben eine renaissance-
beeinflusste Eisenfassade mit schwerem
Gesims und Arkaden in jedem Stockwerk.
Die eklektizistischen Kapitelle und Säulen
sind mit ägyptisch anmutenden Palmetten
verziert. Im Erdgeschoss befinden sich große
schnörkellose Schaufenster.

Queen-Anne-Stil

Typisch für diesen Stil sind Asymmetrie,
Fenster mit kleinen Scheiben, Schmuckgie-
bel, Fachwerk sowie kunstvolle Backstein-
Kachel-Wände, wie hier beim Lowther
House in London (1875 von Richard
Norman Shaw entworfen). In Amerika gab
es Varianten wie den Stick-, Shingle- und
Eastlake-Stil.

Maurisch

Die Synagoge der Dohánystraße (Große
Synagoge) in Budapest (Ungarn), erbaut
1854–59 im Maurenstil nach spanischen
und nordafrikanischen Vorbildern, hat
gestreifte Mauern, Zwiebeltürme und
Gitterwerkfenster. Diese Maurenstilelemen-
te heben sie vom sonst für Kirchenbauten
üblichen Gothic-Revival-Stil ab.

Art nouveau

Der Art nouveau (»neue Kunst«) mit
seinen gewundenen, oft an Pflanzenranken
erinnernden Formen löste sich komplett
von älteren Vorbildern und wollte etwas
völlig Neues schaffen. Diese Wendeltreppe
im Hotel Tassel (entworfen 1893–94 von
Victor Horta) in Brüssel (Belgien) ist ein
frühes Art-nouveau-Beispiel.

Moderne

Im 20. Jh. experimentierten Architekten und Designer mit zeitgemäßen Stilen und verzichteten zunehmend auf das Zitieren der Vergangenheit. Nach dem Ersten Weltkrieg ließ sich der Art déco von Maschinen inspirieren, verwendete geometrische Ornamente und moderne Materialien wie Kunststoff und dekoratives Metall wie Chrom. In den späten 1920er-Jahren hielt die Moderne Einzug in die Architektur. Kennzeichen waren Purismus und weitgehender Verzicht auf Ornamentik; berühmte Vertreter sind Le Corbusier und das Bauhaus. Nach dem Zweiten Weltkrieg entwickelte man zunehmend höhere Bauformen, u. a. für Bürohäuser und öffentliche Gebäude.

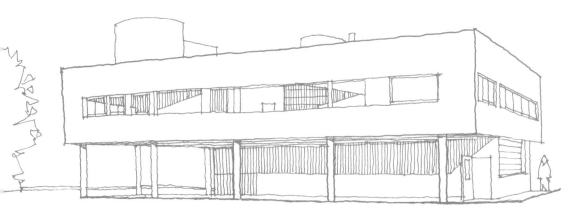

Wohnhaus der Moderne
Die Villa Savoye bei Paris von Charles-Édouard
Jeanneret-Gris (1887–1965) – bekannt als Le
Corbusier – war ein einflussreiches frühes Bauwerk
der Moderne. Klare Linien, Verzicht auf Bauschmuck,
Flachdach, horizontales Fensterband, Stützpfeiler,
offener Raumplan und reinweißes Äußeres machen es
zu einer puristischen »Wohnmaschine«.

Art déco

Die stilisierten geometrischen Formen und klaren Linien der Spitze des Chrysler Building (begonnen 1928) in New York sind typisch für den Stil des Art déco im frühen 20. Jh. Die Bogenformen sind abgeleitet von antiken Vorbildern, aber völlig neu interpretiert.

Modernes Bürohaus

Das Seagram Building (vollendet 1958, entworfen von Ludwig Mies van der Rohe und Philip Johnson) in New York ist ein typisches Beispiel für moderne Architektur. Völlig schmucklos – mit Ausnahme des außen zwischen den Glasflächen sichtbaren Bauskeletts – verkörpert das Gebäude seine Funktion als Bürohaus für große Menschenmengen.

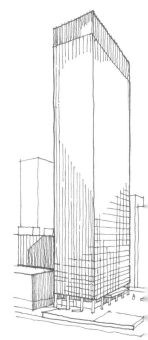

Postmodernes Detail

Der überdimensionierte Sprenggiebel dieses Bürohauses ist ein typisches Detail der Postmoderne. Es spielt auf Vergangenes an, jedoch mehr als Witz denn als präzises Zitat eines älteren Gebäudes. Weitere postmoderne Details sind gewaltige Säulen, Gesimse und Giebel sowie die Verwendung von leuchtenden Farben.

Vorstadthaus

Die Entwicklung von modernen Bauwerksformen im großen Maßstab war für den Wohnhausbau weniger von Bedeutung. Dieses um 1940 entstandene Haus hat seine stilistischen Wurzeln im 18. Jh. in Palladianismus und Klassizismus.

Einführung

Die Wirkung eines Bauwerks beruht nicht zuletzt auf den verwendeten Baumaterialien. Von ihnen hängt auch die Konstruktion an sich ab; außerdem ist Baumaterial ein Schlüsselfaktor zur Stilbestimmung. So könnte etwa ein Wolkenkratzer nicht ohne Betonfundament und Stahlskelett gebaut werden. Dieses Kapitel erläutert die wichtigsten Baumaterialien wie Stein, Holz, Glas und Stahl und wie ihre Nutzung und Entwicklung die Architekturgeschichte beeinflusst haben. Es beleuchtet auch die dekorativen Gestaltungsmöglichkeiten der verschiedenen Materialien, die maßgeblich dafür sind, wie wir ein Gebäude wahrnehmen.

Details machen den Unterschied
Ein Gebäude kann sich uns auch über die Verwendung bestimmter Baumaterialien erschließen. Dieses Mitte des 17. Jh.s erbaute Haus in Massachusetts (USA) hat zwar wie viele europäische Häuser dieser Zeit einen Überhang, seine waagerechte Holzverkleidung aber vermittelt einen völlig anderen Eindruck als das in Europa vorherrschende Fachwerk.

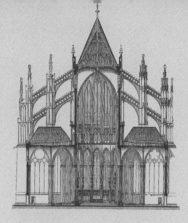

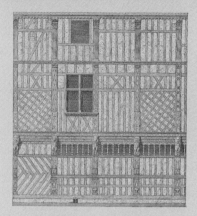

Die Vorteile von Stein

Die großen gotischen Kathedralen wie hier der Kölner Dom mit ihren hohen Gewölben, Strebewerk und riesigen Buntglasfenstern waren erst mit zunehmenden Kenntnissen über die Steinbautechnik möglich. Gotische Baumeister wussten, an welchen Schlüsselstellen große Öffnungen stabilisiert werden mussten.

Dekorative Bauweise

Dank typischer Eigenschaften bestimmter Materialien lassen sich schöne Schmuckeffekte erzielen. Das Fachwerk dieses französischen Hauses in Beauvais (16. Jh.) ist viel komplexer als statisch notwendig und nutzt den Schmuckwert von dunklen Holzbalken in Verbindung mit hell verputzten Gefachen.

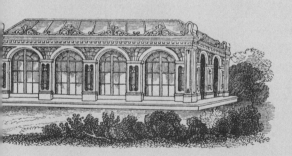

Spolien

Bauteile wurden aus finanziellen oder symbolischen Gründen wiederverwendet, um einen Bezug zur Vergangenheit herzustellen. Spolien aus dem antiken Rom wie diese korinthischen Säulen in einer Kirche wurden sehr geschätzt, weil man damit das frühe Christentum und die Pracht der römischen Kaiserzeit assoziierte.

Allein stehender Wintergarten

Durch die Entwicklung neuer Herstellungsverfahren im 18. und frühen 19. Jh. vor allem für Metall und Glas wurden vollverglaste Bauwerke wie dieser englische Wintergarten möglich. Sein Glashauseffekt ermöglichte das Überwintern kälteempfindlicher Pflanzen durch die Sonneneinstrahlung.

Stein

Stein gehört zu den ältesten und gebräuchlichsten Wand-
baustoffen, vor allem für Sakralbauten und große Bür-
gerhäuser. Kalkstein und Marmor ließen sich gut verar-
beiten; auch Sandstein, Granit und vulkanische Steine
wie Tuff kamen zum Einsatz. Um die Mauer zu stabilisieren und Zwischenräume zu schließen, verwendete man
Mörtel, ein Sand-Wasser-Gemisch plus Kalk oder
Zement. Für Steinmetzmauerwerk war er nicht nötig,
sofern die bearbeiteten Steine gut zusammenpassten.
Mörtellose Trockenmauern aus Naturstein
wurden meist nur für Umfriedungen verwendet, da sie nicht sehr wetterfest sind.

Zyklopenmauerwerk
Für Zyklopenmauern,
benannt nach den
ungeheuer starken
Zyklopen der griechi-
schen Mythologie,
wurden besonders große
Steinblöcke behauen und
ohne Mörtel zusammen-
gesetzt. Frühe griechische
Bauwerke wie hier das
Löwentor (um 1300
v. Chr.) in Mykene
(Griechenland) bestehen
aus extrem großen
Steinblöcken, vielleicht
aus Sorge, dass sie ein-
stürzen würden, wären
sie aus kleineren Blöcken
gefügt.

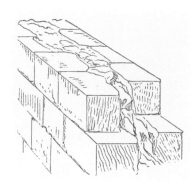

Quadermauerwerk

Quadermauerwerk besteht aus glatt behauenen rechteckigen Steinblöcken in regelmäßigen Reihen. In seinem Inneren befindet sich oft ein Zementkern oder Bruchstein mit Mörtel, was die Mauer stabilisiert, aber auch Geld für das Behauen der Steine spart.

Rustikamauerwerk

Für Rustikamauerwerk verwendete man grob behauene Buckelquader, durch die auf der Wand ein dreidimensionaler Effekt entsteht. Sie können wie hier beim Palazzo Thiene im italienischen Vicenza für ganze Wände verwendet werden – oder auch nur für Teile wie untere Stockwerke, Ecken oder Öffnungen.

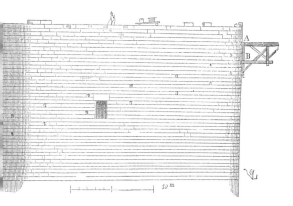

Rüstlöcher

Mittelalterliche Steinbauten errichtete man mithilfe von Gerüsten, die am Bauwerk mit einem Rüstlochsystem verankert wurden. Diese viereckigen Lücken zwischen den Steinblöcken ließen Platz für kurze horizontale Balken. Da die Löcher nicht immer ausgefüllt wurden, sind sie bisweilen noch heute zu sehen.

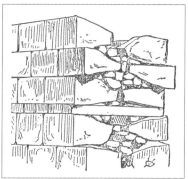

Bruchsteinmauerwerk

Eine Mauer kann man auch aus in Form und Größe unregelmäßigen Bruchsteinen erbauen. Sie entsteht aus unterschiedlich dicken Steinschichten oder eher zufällig und puzzleartig. Für Stabilität sorgen oft möglichst große sogenannte Durchbinder oder Ankersteine.

Ziegel

Bausteine aus getrocknetem Lehm sind in heißen, trockenen Ländern bereits seit vielen Jahrtausenden verbreitet, doch die Technik, sie zu wetterfesten Ziegeln zu brennen, entwickelte sich erst etwa ab 3000 v. Chr. Ziegelbauten waren im gesamten Römischen Reich verbreitet, verschwanden aber in Nordeuropa bis zum späten Mittelalter mehr und mehr. In der spätgotischen Architektur in den Niederlanden, entlang der Ostseeküste und auch in Teilen von England wurde Backstein – obwohl teuer – wieder modern. Verbesserungen im Herstellungsverfahren ließen Ziegel preiswerter werden – er wurde der Hauptbaustoff für englische Häuser im 18. und 19. Jh.

Römische Ziegel

Römische Ziegel erkennt man leicht daran, dass sie länger und schmaler sind als moderne. Auch wenn italienische Bauwerke oft vollständig aus Ziegeln errichtet wurden, mischte man sie in den nördlichen Teilen des Römischen Reiches für dekorative Streifeneffekte häufig mit lokalem Stein, wie bei diesem Bogen im Theater in Lillebonne (Frankreich).

Ziegelbau mit Steinschmuck

Gewöhnlich wurde in holzarmen Regionen an Nord- und Ostsee Ziegel für aufwendige Bauten wie das Große Zeughaus (1602-05) in Danzig (Polen) verwendet. Zum Teil skulptierte Zierelemente aus Stein, deren Herstellung aus Ziegel nicht möglich war, sorgen hier für einen reizvollen Kontrast zwischen hellen Steinen und dunklen Ziegeln.

Formziegel

Spätmittelalterliche Ziegelbrenner schufen kunstvoll geformte Ziegel, aus denen man anspruchsvolle Muster und Formen zusammengesetzte, wie hier bei den Schornsteinen von Thornbury Castle (um 1514) im englischen Gloucestershire. Formziegel wurden zu dieser Zeit auch für Bogen, Türen und Fenster verwendet.

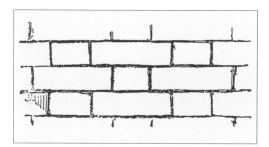

Mauerverbände

Stabiler baut man durch Verbände, also das Abwechseln der langen und kurzen Ziegelseiten (Läufer und Binder). Der holländische Verband hier hat Läufer und Binder in jeder Reihe; beim englischen wechseln Binder- und Läuferreihen ab, der amerikanische Verband hat eine Reihe Binder pro mehrerer Reihen Läufer.

Mehrfarbige Muster

Die Ziegelfarbe hängt stark von verwendeter Lehm- und Tonart und Brenntemperatur ab. Ungewollte Farbschattierungen verschwanden weitgehend mit der industriellen Fertigung, doch im Mittelalter und in der frühen Moderne schuf man damit Effekte wie die mehrfarbigen Muster auf diesem Taubenhaus.

53

Ziermauerwerk

Ein Mix der Baumaterialien hat für Architekten sowohl aus statischen als auch aus dekorativen Gründen bereits sehr lange Tradition. Es gibt Mauerwerk in den unterschiedlichsten, aber harmonischen Farben und Texturen. Stein passt gut zu vielen anderen Baustoffen, besonders zu Ziegel, um dessen Schwachstellen zu stabilisieren und dabei elegante Oberflächen- und Farbkontraste zu schaffen. Polychromes, also mehrfarbiges Mauerwerk, bei dem man ähnliche Werkstoffe in verschiedenen Farben verwendete, war in allen Epochen beliebt. Besonders auffällige Effekte erzielte man aber durch Kombination unterschiedlichster Materialoberflächen.

Polychromes Mauerwerk
Dekorative Effekte lassen sich durch verschiedenfarbige Steine erzielen, wie hier in San Pietro in Pavia (Italien), wo sowohl Bogen als auch Zwickel mit hellen und dunklen Steinen im Wechsel betont sind. Polychromes Mauerwerk findet sich überwiegend – wenn auch nicht ausschließlich – in Italien.

Lisenen

Der pränormannische (angelsächsische) Turm in Earls Barton, Northamptonshire (England), hat als Dekor leicht hervortetende kürzere und längere Streifen, sogenannte Lisenen. Wahrscheinlich sollte damit schmückendes Fachwerk imitiert werden, unterstützt durch Putzausfachung zwischen den Streifen, die auch das Bruchsteinmauerwerk kaschierte.

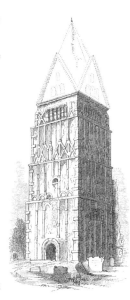

Kosmatenkunst

Die Cosmati, eine römische Kunsthandwerkerfamilie im 12. und 13. Jh., spezialisierten sich auf blendend schöne Intarsienmuster und Mosaiken aus Marmor, Glas und Blattgold. Ihre Kosmatenkunst findet man nicht nur bei Fußböden, sondern auch bei Schreinen und sogar Säulen, wie hier in der Lateranbasilika in Rom (Italien).

Einlegemauerwerk mit Feuerstein

Durch Schlagen bzw. Spalten bekommt Feuerstein eine dunkle, glänzende Oberfläche. Spätmittelalterliche Steinmetze in Ostanglien (England) – wo andere Gesteinsarten selten waren – gestalteten mit Feuerstein und dem teureren weißen Kalkstein sehr dekoratives zweifarbiges Einlegemauerwerk.

Ecksteine

Ziegelmauern wurden oft mit Steinblöcken oder Ecksteinen an Ecken und um Fenster versehen. Ecksteine sind Zierde und Verstärkung in einem. Auch wurden sie zur Stabilisierung von Mauerecken aus kleinen oder unregelmäßigen Steinen verwendet.

Holz

Holz war der am weitesten verbreitete Baustoff für Häuser in England, Nordfrankreich, Deutschland, Skandinavien, Nordamerika und anderen waldreichen Ländern und hat seine Popularität bis heute kaum eingebüßt. Traditionelles Fachwerk wurde von sorgfältig gefertigten Zapfungen und Holznägeln zusammengehalten, da Nägel erst seit dem frühen 19. Jh. im großen Stil in Gebrauch waren. Die Fronten moderner Fachwerkhäuser wurden in der Regel mit Holzbrettern und innen mit Putz verkleidet, wohingegen das Bauskelett bei historischen Häusern meist sichtbar blieb. In jüngerer Zeit entdeckte man die traditionelle Technik des Holzskelettbaus neu, insbesondere Schmuckfachwerk.

Dekoratives Bauskelett
Jede Region hat für sie typische Bauskelette, die bei der lokalen Zuordnung von Gebäuden helfen können. Die Moreton Old Hall (um 1590) in Cheshire hat das für Nordwestengland so charakteristische Fachwerk mit enger Ständerstellung.

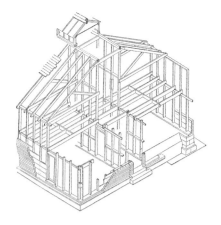

Konstruktion

Fachwerk ist stabil. da es aus waagerechten Riegeln. senkrechten Ständern und diagonalen Streben zusammengesetzt ist. Bei diesem modernen Fachwerkhaus sind die Balken zwar viel schmaler als im Mittelalter. aber das Prinzip des Bauskeletts ist das gleiche. Außen ist es mit waagerechten Holzbrettern verkleidet.

Fachwerk mit Steinsockel

Holzfachwerk auf einem Steinsockel ist eine für England im 14. und 15. Jh. typische Bauweise: hier ein mittelalterliches Haus in York. Solche Häuser hatte oft auch eine enge Ständerstellung. die Gefache zwischen den Ständern waren mit Lehm oder Ziegeln gefüllt.

Überhang

Die oberen Stockwerke traditioneller Fachwerkhäuser wurden gerne auskragend gebaut: diese sogenannten Überhänge ragten also über das Erdgeschoss hinaus. Sie sparten Platz auf Bodenniveau. waren jedoch einfach auch modern. Elegante Stadthäuser hatten oft mehrere Überhänge. um den Wohlstand des Eigentümers zu demonstrieren.

Zapfung

Schlitz bzw. Loch und Zapfen sind eine traditionelle Verbindung zweier Holzstücke im rechten Winkel. Der Zapfen wird in Schlitz oder Loch eingeschoben und mit einem Holznagel gesichert. Leere Schlitze bzw. Löcher mit ihren markanten Holznagelbohrungen sind Zeichen für eine Umgestaltung des Gebäudes.

Eisen & Stahl

Der Einsatz von Metallen am Bau begann in großem Stil erst im späten 18. Jh. mit der Entwicklung von gusseisernen Stützen. Sowohl Guss- als auch Schmiedeeisen wurden in Bahnhöfen, Museen und öffentlichen Gebäuden für Dächer mit großer Spannweite eingesetzt, aus statischen Gründen unterstützt durch Mauerwerk und mit Einschränkungen für die Gebäudehöhe. Architekten experimentierten auch mit der Gestaltung von gusseisernen Details, insbesondere für Dächer und Innenräume. Der rasante technische Fortschritt und die damit einhergehende Entwicklung des Baustahls im späten 19. Jh. ermöglichten den Einsatz selbsttragender Stahlskelette und damit den Bau gigantischer Wolkenkratzer.

Gusseisernes Dach
Eisen ist im Gegensatz zu Holz stabil genug, um nicht durchzuhängen oder sich durchzubiegen. Gusseisen ermöglichte Dächer mit großen Spannweiten, wie hier beim Bahnhof King's Cross (1851–52) in London (England). Entscheidend war der Verzicht auf Innenstützen, da sonst ein entgleister Zug beim Aufprall auf die Stützen den Zusammenbruch des Daches verursacht hätte.

Dekoratives Eisenskelett

Einer der Prototypen für die Eisenskelett-
bauweise, ein Fachwerk aus Diagonalver-
strebungen, ist die Schokoladenfabrik
Menier (1870–71) in Noisiel (Frankreich).
Die Gefache zwischen den Streben bestehen
aus Ziegeln; diese Mauern haben wie bei
einem Holzfachwerk keine tragende
Funktion.

Warenhausfassade

Gusseiserne Fassaden waren im 19. Jh. sehr
in Mode, speziell für Fabriken und Waren-
häuser. Dieses Beispiel aus New York zeigt,
warum: Gusseisen war nicht nur preiswert
in der Herstellung, es war auch feuerbe-
ständig und ermöglichte große Fenster mit
interessanten und sehr zarten Details.

Früher Wolkenkratzer

Ein früher vollständiger
Eisenskelettbau war das
American Surety Buil-
ding (1894–96), New York
(USA). Seine Fronten aus
Maine-Granit sind Vor-
hangwände, die nur ihr
Eigengewicht tragen.
Für den Bau mit einst
23 Etagen verwendete
man die innovative
Senkkastengründung,
bei der das Fundament
abgesenkt und nicht in
den Grund gegraben
wird, um Nachbargebäu-
de möglichst wenig in
Mitleidenschaft zu ziehen.

Materialmix

Die Einkaufspassage Galleria Vittorio
Emanuele (1865–77) in Mailand (Italien)
schöpft aus der Vielzahl stilistischer und
baulicher Möglichkeiten von Eisen in Kombination mit Stein und Glas. Detailreiche
Fassaden von Läden und den Räumlichkei-
ten darüber werden vom komplexen Eisen-
maßwerk des verglasten Daches abgerundet.

BAUMATERIALIEN

Beton

Zement besteht meist aus einem Gemisch aus Kalkmörtel, Wasser, grob oder fein gekörntem Gestein, bisweilen auch Vulkanstaub oder -asche, wird in Holzformen gegossen und härtet aus. Einfach und preiswert in der Herstellung, ist er widerstandsfähig, wasserfest und zu fast allem formbar. Zement ermöglichte den Römern den Bau von Kuppeln und mehrstöckigen Häusern und ist das Fundamentmaterial für fast alle modernen Gebäude. Der mit Eisen- oder Stahlstreben verstärkte Beton wurde Mitte des 19. Jh.s entwickelt und verband seine Druckresistenz mit der Zugfestigkeit von Metall.

Römischer Beton

Die Kuppel des Pantheons (um 118–128 n. Chr.) in Rom (Italien) besteht aus einer inneren und einer äußeren Schale aus Gussbeton mit Bims, gemahlenem Ziegel und Tuff als Zuschlägen. Ziegelrippen nehmen die Druckkräfte auf. Nur die Verwendung des römischen Vorläufers von Beton ermöglichte diese Kuppel mit riesiger Spannweite.

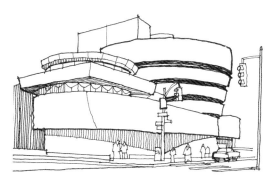

Opus reticulatum

Beton wird oft mit anderen Materialien
verblendet. Die Römer nutzten ein System
namens *opus reticulatum* als Grundlage für
Verblendungen aus Stuck oder Marmor.
Dafür wurden viereckige Fliesen oder
Steine in Netzmustern in den Beton gesetzt,
oft in Verbindung mit geraden Ziegelbän-
dern.

Portlandzement

Durch das Gießen von Beton fand dieser
seit Mitte des 19. Jh.s Verwendung für
Architekturdetails wie Giebel, Brüstungen
und Geländer, die meist bemalt wurden.
Die Details am Reform Club in London
(England) sind zwar in Stein gemeißelt, bei
vielen anderen Gebäuden aber verwendete
man bemalten Beton, um solche Elemente
zu imitieren.

Neue Formen

Beton hat den großen Vorteil, dass er in
komplexe Formen gegossen werden kann.
Mit Frank Lloyd Wrights Guggenheim
Museum in New York (USA) entstand 1959
eine der ersten Betonbauten in organischem
Design. Mit einer Nautilusschnecke als
Vorbild ist der Kreis Hauptmotiv des Grund-
risses und der terrassenförmigen Etagen.

Betoneffekte

Das Experimentieren mit
nicht verputztem oder
verblendetem Sichtbeton im
20. Jh. führte zum sogenannten Brutalismus (von franz.
béton brut für rohen Beton).
Auch eingefärbter Beton wie
der extrem weiße für den
Glockenturm National
Carillon (1970) im austra-
lischen Canberra sorgte
für starke
optische
Effekte.

Glas

Glas wird hauptsächlich für Fenster und Türen verwendet – für Dächer gibt es auch weniger zerbrechliche Glasarten. Frühes Glas war äußerst wertvoll, und die einzelnen Glasscheiben waren sehr klein, da sie kaum in großen Größen herstellbar waren. Bereits die Römer kannten Fenster aus Glas, allerdings verschwand die Technik bis zum Mittelalter wieder weitgehend. Verbesserungen der Glasherstellungsverfahren im späten 18. und frühen 19. Jh. und der Wegfall hoher Steuern auf Fensterglas führten ab Mitte des 19. Jh.s zu immer größeren Fenstern. Bautechnische Weiterentwicklungen wie die Vorhangfassade ermöglichten im späten 20. Jh. vollverglaste Gebäude.

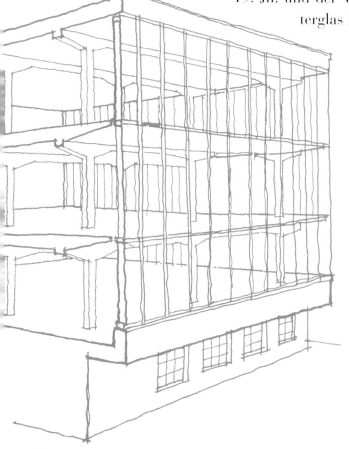

Vorhangfassade
Der aktuelle Trend zu vollverglasten Gebäuden wurde erst durch die Technik der Vorhangfassade möglich. Solche Gebäude haben ein stahlarmiertes Betonskelett, die Außenwände sind in diesem Skelett verankert und ohne tragende Funktion. Das Bauhaus (1925–26) in Dessau mit seiner Glasvorhangfassade ist dafür ein frühes Beispiel.

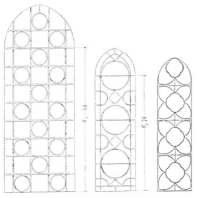

Mosaik

Die Römer entwickelten eine Technik für Wand- und Bodenbilder aus Hunderten *Tesserae*, also viereckigen, manchmal blattvergoldeten Buntglassteinchen. Diese Mosaiktechnik wurde in frühchristlicher und byzantinischer Zeit weiterentwickelt und brachte wie hier in Ravenna (Italien) naturalistische Bildwerke hervor.

Bunte Bleiglasfenster

Ein mittelalterliches Buntglasfenster besteht aus zahlreichen Einzelstücken verschiedenenfarbigen Glases. Diese werden von sogenannten Bleiruten zusammengehalten und zusätzlich durch einen Eisenrahmen stabilisiert, der oft selbst Teil der Fenstergestaltung ist.

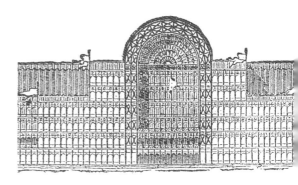

Fenster aus kleinen Scheiben

Die Schwierigkeit, große Glasscheiben herzustellen, erforderte in Spätmittelalter und früher Neuzeit kleine, von Bleiruten zusammengehaltene Scheiben. Die weite Verbreitung sehr wertvoller Glasfenster bei englischen Häusern im späten 16. Jh. – hier Wollaton Hall der Willoughbys – demonstrierte den Wohlstand der Besitzer.

Zylinderglas

Für den zur Weltausstellung in London 1851 erbauten Kristallpalast aus Glas und Eisen wurden über 80 000 Quadratmeter im Zylinderglasverfahren hergestelltes Glas in einen gusseisernen Rahmen gesetzt. Dies machte auch den Bau kleiner Wintergärten für Privathäuser populär. Der Kristallpalast wurde 1936 bei einem Brand zerstört.

Bedachung

Baustoffe für Dächer sollten wetterfest und haltbar sein, denn ein trockenes Hausinneres ist ausschlaggebend für dessen langen Erhalt. Es gibt viele Dachbaustoffe, die diese Bedingungen erfüllen und je nach Klima variieren, etwa Dachziegel aus Holz (Schindeln), Naturstoffe wie Stroh, verschiedene keramische Materialien, Stein und Metalle – insbesondere Blei und Wellblech – sowie diverse moderne Materialien wie Asphalt. Bedachungsstoffe haben jeweils typische dekorative Qualitäten, und ein neues Dach kann einem Gebäude ein komplett neues Aussehen geben.

Imbrex und Tegula
Griechische und römische Dachziegel waren unterteilt in rechteckige, flache Ziegel mit hochgezogenen Leisten an den Längsseiten (Tegulae) und konvex liegende Hohlziegeln (Imbrices), die den Stoß zwischen zwei Tegulae überdeckten. In nachrömischer Zeit verwendete man Tegulae zusammen mit Stein oft zum Bauen von Mauern wieder.

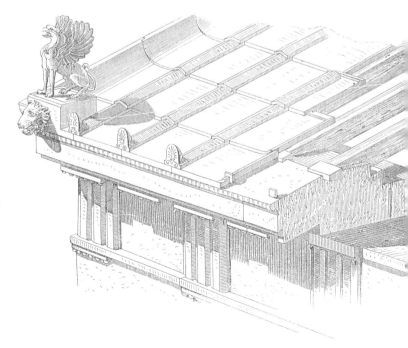

Schilf und Stroh

Schilf oder Stroh, in einer dicken Schicht
fest zusammengebunden, sind ein überraschend strapazierfähiges Bedachungsma-
terial. Solche Dächer halten in der Regel
mehrere Jahrzehnte, bevor sie ersetzt werden müssen, und haben in vielen Regionen
lange Tradition. Sie sind massig und
können über Gauben und zu dekorativen
Mustern geformt sein.

Pfannen

Hohlziegel wie etwa
Dachpfannen mit
ihrer charakteristisch
gekrümmten Form
und meist aus
gebranntem Ton
waren als Beda-
chungsmaterial in
weiten Teilen Europas
verbreitet. Sie
verleihen Dächern
eine lebendige Optik.
ihre typisch leuchten-
de Farbe ist weithin
sichtbar.

Blei

Blei für die Bedachung nahm in der Gotik
enormen Einfluss auf die Planung und
ermöglichte den Bau von flacheren Dächern.
Im Gegensatz zu Dachziegeln oder Stroh, die
zum Wasserablauf Steildächer erforderten.
konnte Blei als großflächigeres Material auch
auf flacheren Oberflächen verlegt werden.

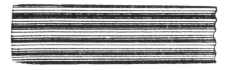

Wellblech

Wellblech ist zwar eine einfache und
preiswerte Dacheindeckung, aber keine
sehr attraktive. Im Allgemeinen bei
Wirtschafts- und provisorischen Gebäuden
verwendet, wird es auf Teer- oder
Dachpappe gelegt. die als zusätzliche
Feuchtigkeitsbarriere dient.

Außenverkleidung

Nur wenige Gebäude verraten von außen etwas über ihre Konstruktion – die meisten verstecken sie. Fassadenverkleidungen verleihen Bauwerken ein völlig anderes Aussehen. Es bieten sich viele Materialien dafür an. Zu den häufigsten gehören Putz, gerne auch mit Ornamenten verziert, und Holz. Die waagerechte Stülpschalung gehört zu den Klassikern der Holzverkleidung, aber auch Holzschindeln kommen zum Einsatz. Andere Materialien wie Holzimitate, Kunststoffe sowie echter Stein und seine Imitate runden das breite Angebot an Außenverkleidungen ab.

Stülpschalung
Diesen Grundtyp der Holzverschalung erkennt man an seinen typischen horizontalen Brettern, entweder – wie hier – gestrichen oder unbehandelt, was im Lauf der Zeit wetterbedingt zu einem ansprechenden Grauton führt. Am gängigsten sind Zeder, Kiefer und Eiche, in jüngerer Zeit setzen sich auch Aluminium und Kunststoffvinyl durch.

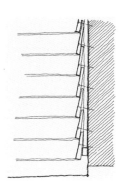

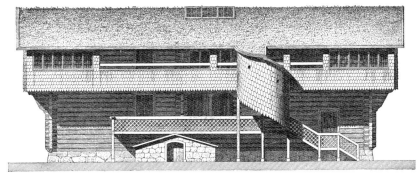

Wetterkeilschalung

Auch diese Verschalung ist eine Stülpschalung: hier werden die Bretter horizontal so angebracht, dass sich das nächsthöhere Brett keilförmig über das untere Brett stülpt. Regenwasser kann dadurch problemlos ablaufen.

Fischschuppenschindeln

Kleine hölzerne Platten zur Wandverkleidung bzw. zum Dachdecken werden Schindeln genannt. Sie sind meist rechteckig und an einem Ende dicker als am anderen. Es gibt sie aber auch in vielen anderen Formen, wie diese schwedischen Fischschuppenschindeln für die Wand zeigen.

Stuckfassade

Im 16. und 17. Jh. verkleidete man Fachwerkhäuser gerne mit Stuck oder Gips und ergänzte die Fassade um Schmuckornamente. Dieses Beispiel an einem englischen Haus in Oxford zeigt Flechtwerk und rankende Reben, aber man gestaltete auch Wappenmotive, geometrische Muster und figürliche Szenen.

Steinverkleidung

Das Erdgeschoss dieses amerikanischen Hauses (um 1930) ist steinverkleidet. Für eine elegantere Optik brachte man dünne Steinplatten (oder steinähnliche Materialien) auf den Ziegelmauern an, auch wenn die unverkleidete seitliche Hauswand sein »wahres Inneres« verrät. Die obere Etage hat eine einfache Holzverkleidung.

Innenverkleidung

Die Wände in Innenräumen sind normalerweise aus Schutz-, aber auch aus Dekorationsgründen verkleidet. Die einfachste Art ist schlichter bemalter Putz; oft finden sich auch Malereien mit Mustern und figürlichen Szenen. Wandbehänge aus Textil oder Tapeten oder plastische Ornamente. Holzverkleidungen sind wegen ihrer Haltbarkeit und den dekorativen Gestaltungsmöglichkeiten ebenfalls beliebt. Die Gestaltung der Innenverkleidung hat sich im Lauf der Zeit deutlich verändert, was sie zu einem guten Datierungswerkzeug macht.

Leinenfälzel-Paneel
Holzgeschnitzte »Leinenfälzel«-Paneele, die an sehr feinen gefalteten Stoff erinnern sollten, waren im späten 15. und 16. Jh. für Wandverkleidungen und Türen sehr beliebt. Im 19. Jh., als man verrückt war nach allem Gotischen, entdeckte man sie wieder.

Wandmalerei

Lange vor der Einführung der Tapete im
18. Jh. legte man Wert auf gemusterte
Wandverkleidungen. In der Romanik und
Gotik malte man Szenen und Muster direkt
auf die Wand. Malereien in Nordeuropa
brachte man in der Regel auf trockenen, die
Fresken in Italien auf nassen Putz auf.

Täfelung

Diese Treppe aus dem frühen 18. Jh. ist
holzvertäfelt. Die Oberfläche ist in
unterschiedliche Bereiche aufgeteilt: Flache
Paneele sind von erhabenen Leisten
umschlossen. Mit der Aufteilung der Wand
in eine obere und eine untere Zone bewies
der Schöpfer Sinn für Ausgewogenheit und
Proportion.

Mischtechniken

Malerei und Skulptur lassen sich in
Kombination verwenden, um üppige
Dekors zu schaffen und Figuren voneinan-
der abzugrenzen. In der barocken
römischen Kirche »Il Gesù« (16. Jh.)
verkörpern allegorische Figuren die
Tugenden, flankiert von Fresken, die
Wundertaten von Heiligen darstellen.

Schmuckkomposition

Dieses belgische Interieur aus dem 19. Jh.
im Stil des späten 17. Jh.s weist aufwendige
Wandarbeiten auf: Nischen, Kunstmarmor-
effekte, gerahmte Paneele (wahrscheinlich
für Gemälde), detailreichen Stuckfries und
einen kunstvollen Kaminaufsatz. Auch die
Decke ist reich verziert.

Decken

Eine Decke ist der Abschluss an der Unterseite der Dachbalken oder – in einem Gebäude mit mehr als einem
Stockwerk – der Abschluss an der Unterseite der Decken-
balken. Decken werden aus den unterschiedlichsten
Materialien einschließlich Metall gefertigt, auch wenn
Holz und Stuck am häufigsten sind. Sie können mit Szenen und Mustern bemalt sein, mit Stuck verziert, holzge-
schnitzt oder kassettiert. Der Übergang zwischen Wand
und Decke wurde oft mit
einem Kehlgesims aus
Stuck oder geschnitztem
Holz kaschiert.

Bemalte Holzdecke
Nicht alle mittelalterlichen
Kathedralen hatten Gewöl-
be. Die Holzdecke des
Mittelschiffs der Kathedrale
(frühes 13. Jh.) von Peter-
borough (England) ist mit
den Tierkreiszeichen und
anderen Motiven bemalt.
Kürzlich gereinigt und
restauriert, ist sie ein
seltenes Relikt einer
Deckenart, die einst wohl
häufig anzutreffen war.

Schmuckbalken

In kleinen mittelalterlichen Häusern
blieben die Unterseiten der Decken-
balken zu Dekorzwecken oft sichtbar
und wurden bisweilen aufwendig
gestaltet. Diese Decke hat Bänderprofile
und einen kunstvollen Knauf mit
stilisierten farbigen Blattformen.

Kassettierung

Kassettierungen sind vertiefte Deckenfelder,
die schon in der Anike bekannt waren und
in der Renaissance wieder in Mode kamen.
Sie dienten der Innenausschmückung von
Decken, Gewölben und Kuppeln. Sowohl
die Rahmen der Kassetten als auch ihre
Innenseiten sind in der Regel reich verziert.

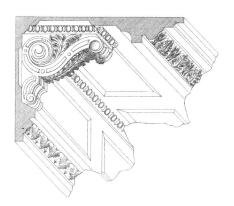

Stucksims

Aufwendige Stucksimse spielten in Interieurs
des 18. und 19. Jh.s eine wichtige Rolle:
damit verhüllte man den Übergang von der
Decke zur Wand. Dieses Beispiel aus dem
späten 19. Jh. zeigt klassizistische Motive
wie Konsolgesimse, Vertäfelung, Blattbän-
der, Perlenprofile und Palmettenfriese.

Deckenrosette

Die meisten Häuser im 19. Jh. waren in der
Deckenmitte sowie an deren Rändern mit
Stuck geschmückt. Speziell Deckenlampen
fasste man mit Dekor, sogenannten
Deckenrosetten, ein. Die meisten waren
rund; es gab aber auch – wie hier – komplexere Formen.

Böden

Wenn man sich in einem Gebäude umsieht, entgeht einem leicht der Boden, obwohl er eigentlich ein wesentlicher Bestandteil ist. Grundsätzlich würde gestampfte Erde genügen; ein Lehmboden ist überraschend trocken und angenehm zum Laufen. Aus strapazierfähigerem Material wie Holz, Fliesen und Steinplatten lassen sich dekorative Muster und Ornamente legen – natürlich auch in den oberen Stockwerken. Einige Bodenbelagsarten helfen bei der Zuordnung von Epochen und Stilrichtungen. So ist etwa das Mosaik charakteristisch für römische und frühchristliche Bauwerke.

Mosaik
Bei den Römern und frühen Christen waren Mosaikböden mit prächtigen Bildern und Szenerien weit verbreitet. In dieser frühchristlichen Kirche weist der aufwendige Mosaikboden eine Reihe komplexer geometrischer und floraler Muster auf. Auch die Wände über und um den Altar sind mit figürlichen Mosaiken bedeckt.

Gestampfte Erde

Diese große mittelalterliche Halle, ein All-zweckraum zum Essen, Schlafen und Kochen, hatte wahrscheinlich einen gestampften Lehmboden. Für einen weicheren Tritt bedeckte man ihn mit Schilf oder Binsen, vermischt mit duftenden Kräutern, und erneuerte diesen Belag mehrmals pro Jahr.

Mittelalterliche Fliesen

Fliesen mit geometri-schen und figürlichen Motiven wurden im Mittelalter oft für Böden in Kirchen und prächtigen Wohnhäu-sern verwendet. Mit kunstvollen Einzelstü-cken wie hier kreierte man komplexe Muster und rundete sie mit farbigen Glasuren ab.

Stuckmarmor

Stuckmarmor wird aus Gips, Farbpigmen-ten und Leimwasser hergestellt und poliert, bis er marmorartig glänzt. Er war im 17. und 18. Jh. sehr modern: man schuf viele Kunstmarmorwände und gemusterte -böden wie diesen des schottischen klassizistischen Architekten Robert Adam.

Badezimmerfliesen

Fließendes Wasser und regelmäßiges Baden wurden erst im 19. Jh. langsam Standard. Durch die etwa zeitgleiche Entdeckung von Krankheitskeimen legte man immer mehr Wert auf Hygiene und leicht zu reinigende Bad- und Küchenoberflächen. Hier schuf man mit Mosaikfliesen komplett abwasch-bare Böden und Wände.

Einführung

Eine Säule ist eine senkrechte Stütze. Meist wird sie in einer Reihung zum Tragen eines Querbalkens (Kolonnade) oder einer Bogenserie (Arkade) eingesetzt. Sie kann aber auch für sich stehen, etwa als Trägerin einer Statue. In der Regel hat sie einen kreisförmigen Grundriss; er kann aber auch quadratisch oder vieleckig sein. Die Verbindung zum Boden wird oft über eine Basis hergestellt, die zum Mauerwerk darüber über ein Kapitell. Basis wie Kapitell verteilen die Last und stabilisieren die Säule so; außerdem sind sie die optische Verbindung von Horizontale und Vertikale.

Triumph- und Siegessäule

Die Römer errichteten frei stehende Säulen, um an große Männer und ihre Heldentaten zu erinnern. Die Trajanssäule (um 112 n. Chr.) in Rom erinnert an den Sieg des römischen Kaisers über die Daker. Im Klassizismus griff man diese Bauform in Monumenten wie der Nelsonsäule in London und der Julisäule auf der Place de la Bastille in Paris wieder auf.

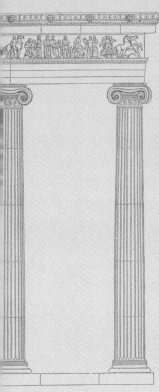

Säulentrommeln

Oft meint man, Säulen bestünden aus einem Stück, doch meist sind sie aus zylindrischen Einzelelementen zusammengesetzt. Säulen aus einem einzigen Stein sind Monolithen; En-délit-Säulen sind schlanke Monolithen der gotischen Architektur.

Pilaster

Pilaster sind säulenartige Wandpfeiler, die nur wenig aus der Wand treten. Sie wirken zwar wie Stützen, haben jedoch keine tragende Funktion. Hier im Bacchustempel (2. Jh. n. Chr.) in Baalbek (Libanon) sind sie von einem Gebälk bekrönt; an dessen Stelle können auch Bogen treten.

Kragstein

Ein aus der Mauer hervortretendes Element aus Stein, das nicht gestützt wird, nennt man Kragstein. In Romanik und Gotik verwendete man Kragsteine als Lastaufnehmer für Dächer, Gewölbe, Bogen und Statuen. Dieser Kragstein im schottischen Kloster Melrose trägt eine kleine Säule, die wiederum Teil des Gewölbedienstes ist.

Volute

Die vorspringenden Teile an den oberen Ecken mancher Kapitelle nennt man Voluten; sie verbinden den Pfeiler mit der Wand darüber. Voluten wurden oft als aufgerollte Blätter gearbeitet, aber auch als stilisiertere Formen (wie hier bei diesem Renaissance-Kapitell) – bis hin zu grotesken Köpfen.

SÄULENKAPITELLE

Klassische Ordnungen

Die Säulengestaltung in Griechenland und im Rom der Antike unterlag einem Form- und Proportionsschema, den sogenannten Ordnungen. Es gibt fünf Hauptvertreter: dorisch, toskanisch, ionisch, korinthisch und Komposit. Die Ordnungen wurden in der Renaissance wiederentdeckt; Leon Battista Alberti schrieb sie in seinem Traktat *De re aedificatoria (Über die Baukunst*; 1452) nieder – eine der wichtigsten theoretischen Abhandlungen ihrer Zeit. Jeder Ordnung wurden bestimmte Kennzeichen zugewiesen, die sie für jeweils andere Bauformen zweckmäßig machten. Die relativ klare dorische Ordnung etwa wurde mit Strenge verbunden, die korinthische Ordnung galt als besonders schön.

Dorisch

Die dorische Ordnung ist ganz leicht an ihrem Fries mit geschlitzten Triglyphen im Wechsel mit glatten oder skulptierten Metopen zu erkennen. Die Triglyphen sind als stilisierte Balkenenden einer früheren Holzbedachung zu verstehen. Die Kapitelle sind sehr schlicht, und manche frühen Ausführungen der griechisch-dorischen Ordung haben keine Säulenbasis.

Toskanisch

Die toskanische Ord-
nung – meist in Italien
zu finden – ähnelt der
dorischen. hat aber
einen glatten Fries
und komplexere Kapi-
telle mit Halsring
(Astragal). Diese
Ordnung war in der
Renaissance sehr
beliebt. Ihre Aus-
führung im großen
Stil nennt man Kolos-
salordnung.

Ionisch

Diese Ordnung kön-
nen Sie an ihren
Kapitellen mit Voluten
erkennen: schne-
ckenförmig aufgerollte
Ornamente. Fronten
und Seiten sind – im
Unterschied zu den
anderen Ordnungen
– nicht gleich. Die
Säulen sind meist
kanneliert, der Fries
ist glatt oder skulp-
tiert.

Korinthisch

Die korinthische
Ornung hat mit
Akanthusblättern
geschmückte Ka-
pitelle: die Blätter an
den Ecken sind zu
Voluten aufgerollt. Es
gibt eine griechische
und eine römische
Version: Die korin-
thischen Säulen der
Griechen sind meist
kanneliert, die der
Römer glatt.

Komposit

Die Komposit-
ordnung ist eine
römische Spezialität.
verschwenderischer
geschmückt und
üppiger ausgearbei-
tet als die anderen
Ordnungen. Sie ist
eine Mischung aus
korinthischer und
ionischer Ordnung
mit Akanthus-
blättern und Volu-
ten. Fries und Ge-
bälk sind reich an
skulptierten Reliefs.

Frühchristlich

Nachdem das Christentum 326 n. Chr. offizielle Religion des Römischen Reiches geworden war, entstanden viele neue Kirchen. Die meisten folgten dem Schema einer Basilika mit Seitenschiffen (hervorgegangen aus dem römischen kommunalen Mehrzweckbau) und hatten daher säulengetragene Arkaden im Innenraum. Anfangs waren christliche Kapitelle und Säulen ihren römischen Vorläufern sehr ähnlich; dann entwickelte man neue Kapitellformen, die die christliche Ikonografie und Symbolik widerspiegelten. Als das Römische Reich unter dem zunehmenden Druck der »Barbaren«-Invasion zerfiel und sein politisches Zentrum nach Osten verlegte, wurden neue Einflüsse auf die Architektur bedeutend: byzantinische Bauformen entwickelten sich völlig neu und unverwechselbar.

Östlicher Überfluss

Die Kirchen Sant'Apollinare in Classe und San Vitale (beide in Ravenna: 6. Jh.) demonstrieren östliche Beeinflussung und Ideenreichtum der christlichen Architektur nach dem Untergang Westroms. Die »zerzausten« Blattkapitelle der Mittelschiffarkade aus Marmor variieren die korinthische Form, ohne sie zu kopieren. Das korrespondierende Kapitell ist reich mit Blattornamenten geschmückt.

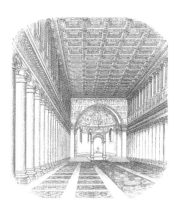

Ionische Kolonnade

In dieser Basilika wurde eine ionische Kolonnade mit breitem Gebälk in eine christliche Kirche umgewandelt. Sie wirkt reich geschmückt und dennoch maßvoll und steht damit ihren klassischen Vorbildern näher als spätere, östlich beeinflusste Bauten.

Spolien

Das Vorhandensein von Spolien (wiederverwendeten Bauteilen) erklärt die leicht unbeholfene Anmutung dieses Kapitells in St. Dimitrios, Thessaloniki/Griechenland. Sein unterer Teil mit feinen Meißeleien und Kaiseradlern wurde in einen neuen, christlichen Kontext gesetzt – mit einer gröberen Meißelarbeit darüber.

Faltenkapitell

Dieses Kapitell in St. Sergius und Bacchus, Konstantinopel (Istanbul), sieht wie ein von der Säule in Falten gelegtes Stück Stoff aus. Sein spitzenartiges Guillochemuster aus ineinandergeschlungenem Blattwerk verstärkt diesen Eindruck zusätzlich.

Adaptation und Kombination

Wie dieses Kapitell im Markusdom in Venedig zeigt, passte man ältere Baulemente der neuen Religion und ihrer Symbolik an: Akanthusblätter, Voluten und reich geschmückte Friese, kombiniert mit einem Kreuz im Zentrum. Die flachen und doch stark unterschnittenen Blätter sind typisch für ein östlich beeinflusstes Werk.

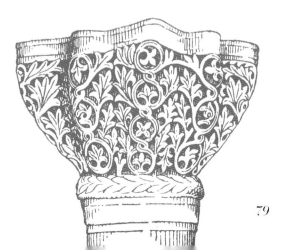

Romanisch

Nach dem Untergang des Römischen Reiches geriet in Nordeuropa die Technik des Steinbaus etwas in Vergessenheit: die jetzt entstehenden Gebäude aus Stein waren im Vergleich zu denen der Römer recht simpel. Im späten 10. und frühen 11. Jh. kam es nach dem Ende der »Barbaren«-Invasionen zu einer künstlerischen und kulturellen Rückbesinnung auf Formen der Antike. Der romanische Stil war ein Ergebnis dieser »Vorrenaissance« und kombinierte antike römische Elemente – wenn auch deutlich vereinfacht – mit wachsender Freude an geometrischem Bauschmuck, besonders in Ländern im nördlichen Europa.

Säulchen
Kleine Säulchen (wie die großen mit Basis und Kapitell) waren in der romanischen und gotischen Architektur sehr beliebt. Sie waren mehr Schmuck als konstruktives Element und zierten Fenster, Portale und größere Säulen. Hier im Beispiel sind sie Fensterdekor für die romanische Kirche von Loupiac in Frankreich.

Pfeifenkapitell

Das Pfeifenkapitell besteht aus einer Reihe von Pfeifen (hinten verjüngten Kegelstümpfen), was optisch wie der Rand einer Jakobsmuschel wirkt. Diese Säule im Mittelschiff der Kirche von Islip/Oxfordshire (England) hat einen runden und von vier Säulchen umstandenen Schaft.

Bilderkapitell

Romanische Kapitelle wurden häufig mit Figuren geschmückt und konnten so Geschichten erzählen. Sehr beliebt waren Schilderungen von Wundern oder zu den Kardinaltugenden und Hauptlastern. Groteske oder fantastische Figuren waren ebenfalls weit verbreitet.

Verzierte Säule

Mit geometrischen Mustern verzierte Säulenschäfte sind ein Schlüsselmerkmal der Romanik. Spiralen und Zickzackmuster waren sehr beliebt und zitierten vielleicht die Schlangensäulen aus Alt-St. Peter in Rom. Benachbarte Säulen konnten übrigens völlig unterschiedlich gestaltet sein.

Säulenfigur

Insbesondere in der romanischen Architektur in Frankreich und Spanien waren oft Säulen in das Gewände der Portale eingestellt. Zwischen diesen ordnete man gerne Skulpturen an – etwa Heilige und biblische Figuren. Hier an der Kathedrale von Santiago de Compostela (Spanien) sind alttestamentarische Propheten mit Schriftrollen zu sehen.

Gotisch

Die Bau- und Steinmetztechniken wurden in der Gotik im Vergleich zur vorangegangenen Romanik enorm verbessert – eine Folge war die sehr viel leichtere und grazilere Architektur dieser Zeit, besonders augenfällig in der Gestaltung von Säulen, Pfeilern und Kapitellen. Naturalistisches Blattwerk war als Kapitellschmuck sehr beliebt; Ornamente aus der Pflanzenwelt durchziehen die gesamte gotische Baukunst. Pfeiler und Säulen wirken oft wie aus Einzelteilen zusammengesetzt. Die Spätgotik verkleinerte Kapitelle extrem, reduzierte sie auf eine Art Gesims oder verzichtete völlig auf sie. Insgesamt betonte dieser Stil die Vertikale in seinen Bauwerken.

Reiche Verzierung
Kapitelle der Frühromanik wurden häufig mit naturalistischem Blattwerk, starkem Gesims und Friesen sowie geometrischen Formen, z.B. dem »Hundszahn« (einer sternförmigen Blüte), reich verziert – wie hier in der Kathedrale von Lincoln (England). Der Einsatz von dunklem Purbeckmarmor für einige Dienste verstärkte die Eleganz der Optik zusätzlich.

Bündelpfeiler

Solche Kernpfeiler mit rundum gruppierten, verschieden starken Dreiviertelsäulen (Diensten) waren in der Romanik und Gotik sehr beliebt. Sie bestehen scheinbar aus Einzelelementen, sind aber tatsächlich oft aus nur einem Steinblock gearbeitet und sehr stabil.

Säulenbündel

Dieses Säulenbündel in der Kathedrale von Salisbury (13. Jh.: England) besteht aus einer zentralen dicken Säule, die von vier schlankeren frei stehenden Säulen umstanden wird. Sie haben unten eine Basen- und oben eine Kapitellgruppe und sind mit der Mittelsäule durch Schaftringe – Wülste aus Stein – verbunden.

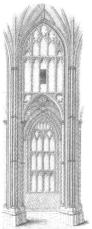

Profilierung & Verkröpfung

Um einen Bogen mit einer Stütze oder der Wand zu verbinden, sind Kapitelle nicht zwingend nötig. Die Gotik verzichtete oft darauf zugunsten einer Profilierung oder einer Verkröpfung als Übergang zur Stütze bzw. Wand – hier ein Beispiel aus dem späten 13. oder frühen 14. Jh.

Kapitell & Basis mit Profil

In der Spätgotik gingen englische Baumeister mehr und mehr von überwuchernden Blatt- zu schlichteren Polygonalkapitellen und profilierten -basen über. Stützen wurden zu komplexen Dienstbündeln und betonten die Vertikale, wie hier in den englischen Kathedralen von Winchester (oben) und Canterbury (unten).

Renaissance & Barock

Ein Schlüsselmerkmal der Renaissance ist die Wiederaufnahme der strengen antiken Ordnungen. Sie lösten die fantasiereichen gotischen Formen ab, denen keine besonderen Regeln zugrunde lagen. Sehr beliebt waren die toskanische und korinthische Ordnung, weil man der Meinung war, dass diese den Glanz des alten Roms am besten wiederaufleben ließen. Italienische Renaissance-Architekten bauten nach dem Vorbild antiker Ruinen, entwickelten aber auch Variationen der Ordnungen, insbesondere der korinthischen, um ihre Bauzwecke zu erreichen. In Barock und Rokoko wurden Architekten erfindungsreicher in Sachen Kapitell und Säule und lösten sich stärker von alten Vorbildern.

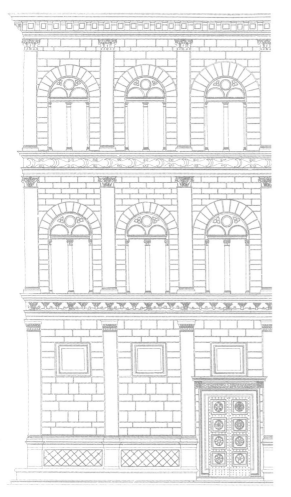

Hierarchie der Ordnungen
Die verschiedenen Ordnungen hatten verschiedene optische Effekte. Die schlichte dorische und toskanische Ordnung verband man in der Renaissance mit Strenge, die korinthische mit Schönheit. Der Palazzo Rucellai in Florenz hat z. B. dorische Pilaster im Erdgeschoss und korinthische in den beiden Obergeschossen.

Renaissance-Pilaster

Dieser Pilaster aus
einer venezianischen
Kirche ist eine Variati-
on der korinthischen
Ordnung – das traditi-
onelle Akanthusmotiv
des Kapitells ist aber
stark reduziert und
durch eine naturalisti-
sche Rose in der Mitte
ergänzt. Die Kannelie-
rung hat man durch
Pflanzenranken ersetzt.

Ringsäule

Renaissance-Archi-
tekten experimen-
tierten mit neuen
Formen antiken
Ursprungs, etwa der
Ringsäule, bei der
verschieden hohe
sowie glatte und
behauene Segmente
sich abwechseln. Sie
spielten in Spät-
renaissance und
Barock eine Rolle und waren von einem
Franzosen, dem königlichen Architekten
Philibert de l'Orme (um 1510–70), entwickelt worden.

Rokokokapitell

Rokokoarchitekten entwickelten neue Kapitellformen mit verspieltem Schmuck gemäß der
für den Stil typischen Zartheit. Dieses fast
zylindrische Kapitell hat kaum noch mit seinem Ursprung, der korinthischen Ordnung, zu
tun – was aber seiner dekorativen Wirkung
keinen Abbruch tut.

Schmucksäule

Barockarchitekten setzten Säulen sowohl
als Schmuck als auch als Bauelement ein.
Die Säulen der Fassade von Saint-Paul-
Saint-Louis in Paris haben wohl kaum eine
tragende Funktion, aber sie verstärken
perfekt den dekorativen Effekt der aufwendig gestalteten Kirchenfront.

Klassizismus & Historismus

Mitte des 18. Jh.s begannen Gelehrte mit dem intensiven Studium antiker Architektur und fertigten detaillierte Zeichnungen an, die weite Verbreitung fanden. Insbesondere James »Athenian« Stuart (1713–88) und Nicholas Revett (1720–1804) machten griechische Architektur mit ihren äußerst präzisen Forschungen populär. Man bewunderte die Reinheit der griechischen Baukunst – etwas, das den Bauten der Römer später fehlen sollte, das man als besonders passend für gerade demokratisch gewordene Länder wie die Vereinigten Staaten und Frankreich empfand. Klassizistische Stile kopierten generell ältere Formen; in jüngerer Zeit machten Architekten interessante Experimente mit der Säulenform beim Entwurf von Hochhäusern.

Antikenstudium, ionische Ordnung
Im 18. Jh. gab es zahlreiche Publikationen auch zu gerade erst entdeckten Bauwerken mit detaillierten Zeichnungen antiker griechischer Architektur wie dieser ionischen Ordnung hier. Dadurch konnten Architekten ältere Entwürfe exakt nachbauen, was zu neuer historischer Exaktheit und einer Erweiterung des Formenkanons führte.

Dorisch ohne Basis

Die griechische dorische Ordnung – ohne
Basis und mit massigeren Säulen als die
römische – war eine wichtige Entdeckung
der Architekten und Gelehrten im 18. Jh.
Sie repräsentierte Klassik pur, war nicht
von spätrömischer Dekadenz belastet und
ein Schlüsselmerkmal für Gebäude des
Greek Revival wie dem Ohio Statehouse,
Columbia (USA).

Wolkenkratzer als Säule

Frühe Wolkenkratzer wie das American
Surety Building (1894–96) in New York
sollten riesigen frei stehenden Säulen ähneln. Die unteren Etagen
bilden quasi die Basis,
die oberen Etagen
mit vorspringendem
Gesims das Kapitell,
die senkrechten
Fensterreihen wir-
ken wie eine Kanne-
lierung am
Säulenschaft.

Britische Ordnung

Die Architekten im
18. Jh. experimen-
tierten mit der Ent-
wicklung neuer Ord-
nungen. Hier die
britische Ordnung mit
königlichem Löwen und
Einhorn; in den USA ver-
zierte man am Kapitol in
Washington, D.C., Kapi-
telle mit Maiskolben und
-blättern anstelle von Akanthus.

Pilotis

Im 20. Jh. verzichteten Architekten auf
Basen und Kapitelle zugunsten pur funktio-
naler Stützen ohne schmückendes Beiwerk.
Dennoch blieben sie wichtige tragende
Elemente und strukturierten Fassaden, wie
hier bei der Villa Savoye (1929–31) von
Le Corbusier in Poissy (Frankreich). Die
rechteckige Wohnebene ist auf schlanken
Betonpfeilern (Pilotis) aufgeständert.

Einführung

Es gibt zwei Hauptmethoden, um eine Öffnung zu überspannen: mit einem flachen Sturz oder einem gekrümmten Bogen. Beide werden durch frei stehende oder in die Wand integrierte Säulen getragen, wobei Bogen stabiler als Stürze sind, da ihre Krümmung die Abwärtskräfte auf Wand oder Säule ableitet. Die antiken Griechen verwendeten Architrav- oder Gebälksysteme mit säulengetragenem flachem Querbalken, die Römer hingegen nutzten die technischen Möglichkeiten des Bogens für die Konstruktion größerer, komplexerer Bauten. Dennoch behielten sie die Optik von Gebälk und Säulen bei und kombinierten sie mit Bogen.

Architravbau
Die Griechen verwendeten die Architravbauform, bei der Öffnungen mit horizontalen, säulengetragenen Stürzen überspannt werden. Da der Sturz relativ instabil ist, müssen seine Tragsäulen dicht zusammenstehen – das ergibt den für die griechische Architektur typischen eng stehenden Säulengang.

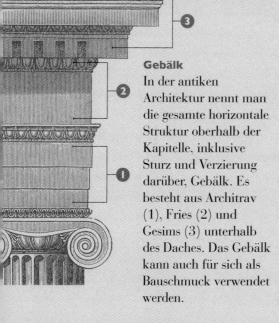

Gebälk

In der antiken Architektur nennt man die gesamte horizontale Struktur oberhalb der Kapitelle, inklusive Sturz und Verzierung darüber, Gebälk. Es besteht aus Architrav (1), Fries (2) und Gesims (3) unterhalb des Daches. Das Gebälk kann auch für sich als Bauschmuck verwendet werden.

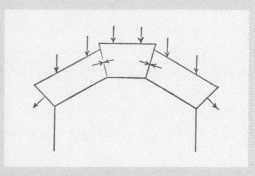

Schlussstein

Der Schlussstein in der Bogenmitte ist buchstäblich der Schlüssel zum Verriegeln des Bogens. Wie das Diagramm zeigt, sind die Steine der Wölbung keilförmig. Der Schlussstein im Scheitel ist beidseitig angeschrägt und schließt so den Bogen.

Römischer Bogen

Die Römer haben den Bogen zwar nicht erfunden, aber sie waren die Ersten, die seine dekorativen und konstruktiven Möglichkeiten nutzen konnten. Der römische Bogen (hier der Konstantinsbogen in Rom) war meist rund und oft mit schwerem Gebälk und Pilastern kombiniert, was den Bogen selbst optisch unterordnet.

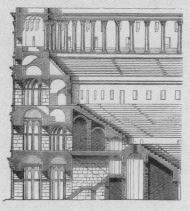

Entlastungsbogen

Die Römer nutzten u. a. die Eigenschaft des Bogens, Druckkräfte auffangen und ableiten zu können, um mehrstöckige Bauten zu errichten. Dieser Schnitt durch das Kolosseum in Rom zeigt, wie Bogen als Stütze für die oberen Geschosse eingesetzt wurden. Die dicken Außenwände fungierten wiederum als Stütze für die Bogen.

Formen

Spricht man von etwas Bogenförmigem, meint man damit in der Regel die Form einer Kurve. Die Architektur kennt Bogen in einer Vielzahl von Kurvenvarianten. Erstaunlicherweise können Bogen auch flach sein – dennoch haben bautechnische Bogen immer eines gemein: Bearbeitete Steinblöcke werden so zusammengesetzt, dass sie eine stabile Konstruktion ergeben. Im Lauf der Zeit änderten sich die Bogenformen; bestimmte Formen sind Schlüsselmerkmale für bestimmte Epochen. Die häufigsten Formen sind der runde oder halbrunde Bogen, typisch für die antiken Römer, Romanik und Renaissance, und der Spitzbogen, charakteristisch für die Gotik.

Rundbogen
Die keilförmig angeschrägten Einzelsteine dieser romanischen Rundbogenfenster folgen der Kreislinie ihres Bogens und werden Keilsteine mit Radialfugen genannt. Das bedeutet, dass jeder Stein nach unten gegen seinen Nachbarn drückt und dadurch gestützt wird.

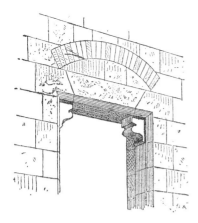

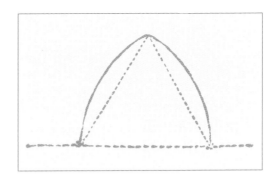

Flachbogen

Beim Flachbogen sind die Keilsteine der Wölbung so angeschrägt, dass sie mehr gegeneinander als nach unten drücken. Flachbogen sind typisch für Ziegelbauten und für die geraden oberen Öffnungen von Fenstern und Türen des georgianischen und viktorianischen Stils.

Spitzbogen

Der Spitzbogen besteht aus zwei einander treffenden und dabei eine Spitze bildenden Kreisbogen. Sein großer Vorteil beruht darauf darin, dass der Winkel oben fast stufenlos veränderbar ist und sich die Bogenspannweite so recht einfach vergrößern oder verkleinern lässt.

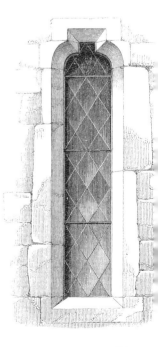

Hufeisenbogen

Hufeisenbogen gehen über einen Halbkreis hinaus und sind besonders typisch für die islamische Architektur wie auch für den islamischen Stil in Spanien – hier in Santa Maria la Blanca, Toledo, die im 12. Jh. als Synagoge erbaut und um 1405 in eine christliche Kirche umgewandelt wurde.

Schulterbogen

Dieser Begriff wird verwendet für Öffnungen wie beim Fenster rechts, das Hals- und Schulterbereich stilisiert. Es handelt sich hierbei nicht um einen echten Bogen aus Keilsteinen, sondern um einen waagerechten und auf Konsolsteinen ruhenden Sturz.

Romanisch

Der vorherrschende Architekturstil in Westeuropa zwischen dem 10. und 12. Jh. – die Romanik – ist geprägt durch Rundbogen. Die frühen romanischen Bogen waren zwar sehr schlicht; durch die Kombination verschiedener Ordnungen oder Bogenreihen erzielte man aber eindrucksvolle bautechnische Effekte. Im 12. Jh. wächst die Freude am Bauschmuck. Man verzierte Bogen mit Rollen- und Zickzackfriesen sowie anderen geometrischen Ornamenten üppig bzw. überlud sie mitunter. Bogen wurden auch als reines Zierelement eingesetzt, insbesondere in Form von Blendarkaden, die glatte Wände belebten, ohne eine Maueröffnung notwendig zu machen.

Mittelschiffarkade
Es ist erstaunlich, wie frühromanische Architektur ihre Schönheit aus schlichter wuchtiger Strenge und kaum aus augefeilter Ornamentik bezieht. Diese sich verkleinernden Halbkreisbogen einer Mittelschiffarkade sind lediglich mit feinen Fasen verziert. Das nimmt ihnen optisch die Schwere, ohne ihre Tragfähigkeit zu mindern.

Kolossalordnung

Die Kolossalordnung – ein riesiger Bogen, der andere Bogen oder Ordnungen einschließt – war sehr verbreitet in der Romanik. Sie verlieh sonst stark horizontal betonten Fronten vertikale Einheitlichkeit, wie hier bei der Jedburgh Abbey in Schottland, wo eine Kolossalordnung sowohl Mittelschiff als auch Galeriearkaden umfasst.

Geometrisches Ornament

In der Spätromanik machte die frühere Schlichtheit einer Vielzahl von geometrischen Ornamenten Platz – oft kombinierte man etliche Motive an der gleichen Wandöffnung miteinander. Diese Bogen in St Peter in Northampton (England) sind mit unterschiedlichen Zacken- oder Zickzackornamenten verziert.

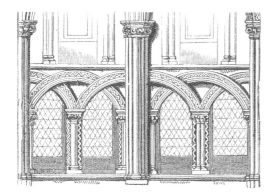

Blendarkaden

Rein dekorative Blendarkaden sind ein Schlüsselmerkmal der Romanik, oft auch als zwei sich überschneidende Arkaden. Hier in St Cross, Hampshire (England), entstehen Spitzbogen durch Kreuzung zweier Rundbogen. Derartiges könnte die Entwicklung des späteren gotischen Spitzbogens vorangetrieben haben.

Verschränkter Schmuck

Romanische Steinmetze und Bildhauer waren fasziniert von fantastischen und grotesken Motiven. Hier scheinen sich stilisierte Tiere mit großen Schnauzen vom Bogen oben auf den Rollenfries darunter zu fressen. Beliebt waren auch verschränkte Motive mit Vogelköpfen (»Schnabelköpfe«) oder mit Zickzackfriesen.

Gotisch

Der Spitzbogen, der in der westlichen Architektur im 12. Jh. Einzug hielt, ist sowohl bautechnisches als auch dekoratives Schlüsselmerkmal der Gotik. Obwohl optisch leichter wirkend, ist der Spitzbogen statisch stabiler als der Rundbogen, denn seine Steinblöcke in den Bogenschenkeln pressen mehr seitlich gegeneinander als nach unten. Gotischen Baumeistern war es daher möglich, leichtere und scheinbar »zerbrechlichere« Gebäude als mit Rundbogen zu konstruieren. Zunächst waren die Spitzbogen relativ hoch und schmal; in der Spätgotik aber experimentierte man mit neuen Formen, einschließlich s-förmigem Kielbogen und gedrücktem bzw. flachem Spitz- bzw. Tudorbogen.

Spitzbogen

Dank Spitzbogen und ihrer Stabilität konnten gotische Baumeister sehr große und hohe Bauwerke wie den Kölner Dom erschaffen. Nicht nur die Arkadenbogen sind spitz, auch Fenster, Maßwerk und Gewölbe wurden dadurch stabiler. Teile des Strebewerks bestehen aus halben Spitzbogen.

Viele Friese

Gotische Bogen wurden oft mehrfach abgetreppt mit vielen Friesen aus zarten Rundstäben und Hohlkehlen geschmückt, was sie filigraner als romanische Bogen wirken ließ. Obwohl jeder Fries separat zu sein scheint, wurden doch alle in dieselben Keilsteine gemeißelt.

Kielbogen (Ogive)

Der Kielbogen aus zwei gegenläufigen S-Kurven spielt im 14. Jh. eine wichtige architektonische Rolle. Er ermöglichte Bauelemente mit gewundener Linienführung und ineinandergreifenden Mustern wie diese tränenförmige Blendarkade der Kathedrale von Norwich (England).

Bogen mit vier Mittelpunkten

Sie heißen so, weil man für ihren Entwurf vier Mittelpunkte für den Zirkel benötigt, und entstehen dann aus zwei kleinen Kreisen für die Ecken und zwei großen für die obere Bogenlinie. Man nennt sie auch Tudorbogen – ein Schlüsselmerkmal der englischen Spätgotik. Sie werden häufig von einer Traufleiste und einem Gesims mit Wasserschräge umrahmt; ihre Bogenzwickel sind in der Regel skulptiert.

Nasen

Dieser spätgotische Bogen hat Nasen – vorspringende Schmuckspitzen an seinem Innenprofil. Sie entstanden durch Verwendung kleiner Kreissegmente innerhalb des größeren Bogens; wo die Segmente aufeinandertrafen, bildeten sich Spitzen bzw. Nasen. Die Kreissegmente selbst hatten – wie hier – ebenfalls häufig kunstvolle Nasen.

Renaissance & Barock

Ausgehend vom Italien des 15. Jh.s und sich von dort nach Norden ausbreitend, erlebte die antike römische Architektur in der Renaissance eine Wiedergeburt; gotische Formen, insbesondere der Spitzbogen, verschwanden mehr und mehr. Stattdessen entdeckten die Baumeister Rundbogen und von Pilastern getragenes Gebälk aufs Neue. Im Gegensatz zum römischen Original jedoch trat der Bogen selbst in den Mittelpunkt, und sowohl Bogen als auch Arkaden wurden auch ohne Gebälk genutzt. Neue Bogenformen wie solche ohne Kapitelle, Rustika- und auf Gebälk ruhende Bogen wurden ebenfalls entwickelt.

Bogen und Gebälk

Das römische Motiv des unter pilastergetragenes Gebälk gesetzten Rundbogens entwickelte sich zum Schlüsselmerkmal der Renaissance-Architektur. Bei der Markusbibliothek (begonnen 1537) in Venedig (Italien) bilden zwei Gebälkebenen einen die Bogen dominierenden geradlinigen Rahmen.

Rustikabogen

Bogen aus grob behauenen Steinquadern ohne klar definierte Kapitele sind ein weiteres Kennzeichen der Renaissance-Architektur. Die untere Etage dieser von Andrea Palladio entworfenen italienischen Villa aus dem 16. Jh. deutet mit ihren Rustikabogen und schweren -pfeilern zwischen den Fenstern eine Arkade nur an.

Gedrückter Bogen

Gotik und Renaissance waren in Nordeuropa weniger differenziert als in Italien. So vereint die offene untere Etage des Braunschweiger Gewandhauses die dem spätgotischen Tudorbogen verwandten gedrückten Bogen mit Renaissance-Gebälk und -Pilastern. Ähnliche Bogen finden sich in den oberen Etagen.

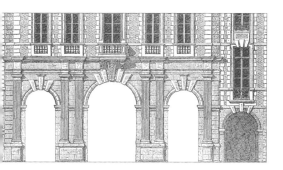

Abgesetzter Schlussstein

Ein beliebtes Motiv der Renaissance waren klar abgesetzte Schlusssteine. Die drei Rundbogen über den Eingängen des Palais Royale (17. Jh.) in Paris (Frankreich) haben sehr markante Schlusssteine, die weit über die eigentliche Bogenform hinausgehen.

Loggia

Eine Loggia ist eine von Säulen bzw. Pfeilern getragene Bogenhalle, die nach einer oder mehreren Seiten offen ist. Diese spezifisch italienische Bauform wurde auch in anderen Ländern zitiert. Hier beim Ospedale Maggiore (begonnen 1456) in Mailand (Italien) findet man Loggien auf zwei Ebenen.

Klassizismus & Historismus

Architekten, die im 18. und 19. Jh. mit Historismusstilen arbeiteten, setzten Bogen und Gebälk ein, um ihren gewählten Stil zu betonen. Daher wurde das von einer Kolonnade getragene Gebälk zum Sinnbild des klassizistischen Stils, der Spitzbogen zu dem des Gothic Revival. Unter den Bestrebungen im 19. Jh., neue Stilrichtungen zu entwickeln, war die interessanteste der Rundbogenstil. Dabei wurden alle Spielarten des Rundbogens angewandt, aber besonderer Wert auf seine dekorativen Möglichkeiten gelegt.

Klassizistisches Haus
Wesentliches Schmuckelement klassizistischer Architektur war das kolonnadengestützte Gebälk. In diesem amerikanischen Haus aus dem frühen 19. Jh. wird das Dachgesims von vier dekorativen Pilastern gehalten, als wäre es ein Gebälk. Die untere Etage wird betont durch eine Arkade, die die Fenster und eine aus der Mitte gerückte Tür verbindet.

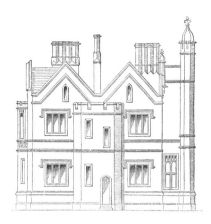

Gothic-Revival-Stil

Kleine Spitzbogenfenster, -tür und Maßwerk verleihen diesem Haus aus dem frühen 19. Jh. sein Gothic-Revival-Aussehen. Verstärkt wird das durch spitze Giebel, ungleiche Kamine sowie den mit Zinnen versehenen Treppenturm vorne und den hohen seitlichen Turm.

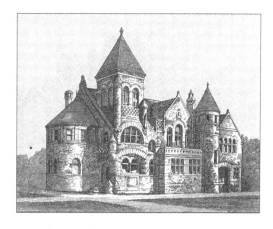

Rundbogenstil

Dieser Stil war eine Mischform des Historismus im 19. Jh. Er wird bestimmt von wuchtigen Bogen und klobiger Rustika, wie bei dieser Kirche in Ann Arbor, Michigan (USA), und kombiniert Elemente vieler vom Rundbogen geprägter Stile – frühristlich, romanisch und Renaissance.

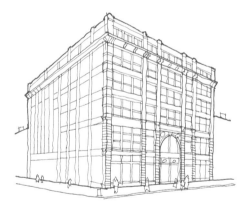

Triumphbogen

Für den Eingang des 1886 in New York eröffneten Kaufhauses Bloomingdale's wählte man das Motiv des römischen Triumphbogens. Sein zentrales Tor umfasst die unteren beiden Etagen der Fassade und wird wie seine zwei schmaleren Tore – analog zum rechten und linken Seitentor des römischen Vorbilds – umgrenzt von Rustikapilastern.

Gothic-Revival-Portal

Der mit Nasen geschmückte Bogen auf stilisierten gotischen Säulen dieses Türvorbaus von 1870 ist ein Schlüsselmerkmal des Gothic-Revival-Stils. Seine Details spiegeln sich in den kleinen Bogen und Rosetten auf der Tür wider und sind wohl eher dekorativ als bautechnisch notwendig.

Moderne

Sowohl Bogen als auch Gebälk behielten ihren festen Platz in der Architektur des 20. Jh.s. Der Bogen war – und ist – eine wichtige Komponente moderner Bauformen, insbesondere im Verkehrswesen, denn seine enorme Tragkraft ermöglicht die Konstruktion großer, offener Räume, die, wie an Bahnhöfen und Flughäfen, Platz für riesige Menschenmengen bieten. Beim Stahlskelettbau kommen Architravbausysteme zum Einsatz, was viele optische Möglichkeiten bietet, da moderne Architekten eine Vorliebe für die schlichte Kolonnade haben. Das Prinzip der Kolonnade und der Arkade ermöglichte außerdem die Konstruktion langer einheitlicher Ladenfronten, wie etwa in der Londoner Regent Street.

Bahnhof
Gigantische Bogen, charakteristisch für Bahnhöfe im 19. Jh., sind sowohl dekorativ als auch funktional. Ihre Stabilität ließ den Bau riesiger tonnengewölbter Glas- und Eisendächer über den Gleisen zu. Wie hier beim Bahnhof King's Cross in London (England) spiegelten sich die riesigen Bogen dann in der Fassade wider.

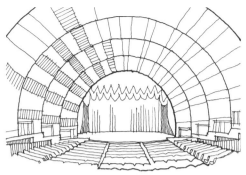

Rustika-Arkaden

Für seinen Entwurf der Geschäfts- und
Büroarkaden in der Londoner Regent Street
bezog sich der Architekt Reginald Blomfield
1923 auf klassische Vorbilder wie Palazzi
und Loggien der Renaissance. Statt der
Kapitelle verwendete er massige Schlusssteine und sehr auffällige Rustika.

Art-déco-Bogen

Der Bogen war maßgeblich im Art déco
und wurde sowohl dekorativ als auch
konstruktiv eingesetzt, wie hier in der
Radio City Music Hall in New York
(eröffnet 1932). Deren konzentrische Bogen
des Proszeniums (Vorbühne) erzeugen ein
Gefühl von Tiefe und Würde.

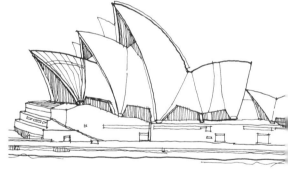

Arkade der Neuzeit

Die Säulenfront des New Yorker Lincoln
Center (1962) hat griechische Tempelfassaden zum Vorbild, aber klare Linienführung und Schmucklosigkeit sind rein
modern. Die leicht geschwungenen Linien
jeder Öffnung der Hauptarkaden werden in
der unteren Etage und in den sich verjüngenden Säulen wieder aufgenommen.

Parallelbogen

Der Bogen hat sich zu einem wichtigen
Element der aktuellen Architektur
entwickelt: Architekten experimentieren mit
neuen Möglichkeiten moderner Materialien.
Das Sydney Opera House in Australien
schafft mit seinen Parallelbogen große
Räume mit unverwechselbarem Profil und
hervorragender Akustik.

Einführung

Durch das Dach wird ein Bauwerk zum Gebäude – sonst bliebe es nur Mauern um einen Raum. Hauptaufgabe von Dächern ist der Witterungsschutz; daher sind die meisten schräg, um Wasser ablaufen zu lassen. Flachdächer findet man eher in südlichen Ländern, während im Norden Schrägdächer die Regel sind. Viele Architekturstile lassen sich an ihren Dachformen erkennen: Flachdächer verweisen auf die italienische Renaissance, Steildächer auf Mittelalter und französische Renaissance.

Schrägdach
Ein dreieckiges Schräg- oder Steildach ist die verbreitetste Dachform und recht einfach zu bauen. Es weist Wasser gut ab und lässt sich auf viele Arten decken. Die meist dreieckige Abschlusswand an der Stirnseite eines Daches nennt man Giebel.

Dachvorsprung

So nennt man den Dachteil, der über die Schnittlinie Außenwand/Dachfläche hinausragt. Er hält Schnee und Regen auch von diesem Schweizer Haus ab. Außerdem spendet er Schatten und mildert das Aufheizen der Hauswände im Sommer.

Zinnenfries

Diese schwalbenschwanzförmige Krenelierung hat Symbolwert und geht über puren Schmuck hinaus. Ihre Form zeigt die Loyalität des Eigentümers zur Ghibellinenpartei, eine der politischen Kräfte im spätmittelalterlichen Verona. Die Feindschaft der Guelfen und Ghibellinen inspirierte Shakespeare zu »Romeo und Julia«.

Schleppdach

Das Dach dieses amerikanischen Hauses setzt seine Fläche über einem einstöckigen Anbau fort und heißt daher Schleppdach – eine gute Methode, um zwei Hausteile ohne die sonst entstehende sogenannte Rinne zwischen separaten Dachflächen zu überdecken.

Verborgenes Dach

Das verborgene Dach hat antike römische Vorbilder und ist ein Schlüsselmerkmal der italienischen Renaissance, das oft kopiert wurde. Das Dach des Palazzo Verospi in Rom hat kaum eine Schräge und bleibt dem vor dem Gebäude stehenden Betrachter auch durch das starke Gesims vollständig verborgen.

Antike

Die bedeutendste antike Dachform war ein langes Schrägdach mit dekorativen Giebelfeldern an beiden Enden.
Seine Konstruktion ist einfach: viele Elemente der klassischen Ordnungen sind als steinerne Nachbildungen von
Bestandteilen der Dachkonstruktion zu verstehen. Das
Verhältnis von Höhe und Breite eines Dachs hängt von seinen Ausmaßen ab. Um zu vermeiden, dass Dächer zu
wuchtig werden, kombinierten die Römer Fassaden mit
hinter Gesims verborgenem Flachdach. Das ermöglichte
ihnen, große und komplexe Bauwerke zu errichten und
dennoch nicht auf Giebelfelder verzichten zu müssen.

Langes Schrägdach
Typisch für einen antiken griechischen Tempel wie
den des Zeus Olympios in Athen war ein einfaches
Schrägdach über die Länge des ganzen Baus mit
dekorativen Giebeln an beiden Enden. Gab es eine
Kolonnade oder einen Portikus, wurde das Dach
zum Schutz darüber weitergeführt.

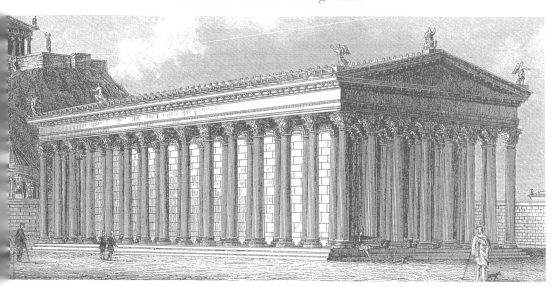

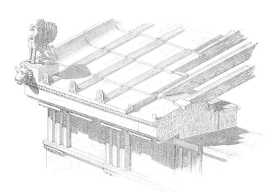

Antefix & Akroterion

Am Ende des Hohlziegels (Imbrex), der den Stoß zwischen zwei Flachziegeln verdeckt, befindet sich ein kleiner aufrechter Stirnziegel (Antefix), normalerweise mit einem Anthemion (Geißblatt) geschmückt. Den Aufsatz an der Giebelecke nennt man Akroterion, das wie hier meist eine Statuette trägt.

Triglyphe

Geschlitzte Triglyphenfriese waren Bestandteil der dorischen Ordnung. Hier sieht man, dass Triglyphen als in Stein nachgebildete Dachbalkenenden zu verstehen sind, die alternierenden glatten Metopen als Balkenzwischenräume. Der glatte Fries darunter war ursprünglich der stützende Dachhauptbalken.

Giebel mit Skulpturen

Skulpturen und Reliefs von Gottheiten und religiösen Geschichten waren als Bauschmuck sowohl an antiken Tempel als auch an christlichen Kirchen wichtig. Der Parthenongiebel in Athen – hier als Rekonstruktion – zeigte den Kampf der Götter gegen die Giganten aus der griechischen Mythologie.

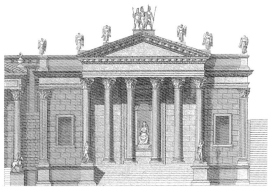

Fassade mit Giebel und Flachdach

Breite Giebel müssen eine gewissen Höhe haben, um proportioniert zu sein. Das kann sie wuchtig und schwerfällig wirken lassen. Der Concordiatempel in Rom aus dem frühen 1. Jh. zeigt, wie die Römer bei einem größeren Bauwerk eine begiebelte Fassade mit einem Flachdach kombinierten – das setzte Maßstäbe für die Zukunft.

Romanisch

In der Romanik waren Dächer in der Regel gut sichtbar und nur selten hinter Brüstungen und Balustraden verborgen. Ihre langen Dachflächen prägten die architektonische Optik dieser Zeit. Man verwendete Steildächer, Kegel- und Vieleckformen – je nachdem, welches Bauwerk man überdachte. Die Kombination bzw. Staffelung verschiedener Dachformen ist ein wichtiges Kennzeichen der Romanik, insbesondere bei Kirchen, bei denen jeder Bauwerksteil ein eigenes Dach erforderte. Giebel wurden üppig mit Skulpturen und komplizierten Fensterarrangements verziert und wurden so zu einem Schlüsselmerkmal romanischer Fassadengestaltung.

Dächervielfalt

Der Wormser Dom aus dem 12. Jh. hat typisch romanische Dächer. Das Mittelschiff hat ein Schrägdach, die Dächer der Seitenschiffe lehnen sich quasi an die Mittelschiffswände an. Die kleineren Türme haben Kegeldächer, die Dächer von Vierungsturm und Apsis sind vieleckig.

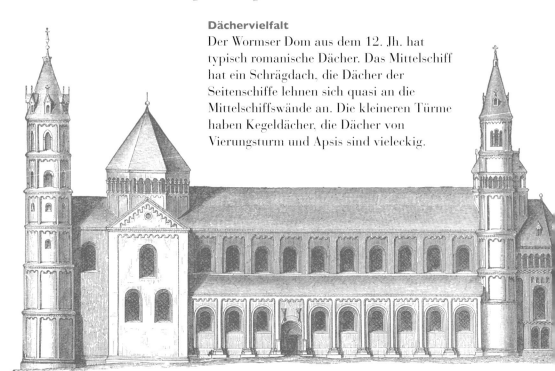

Schmuckreiche Giebel

Die Giebel romanischer und gotischer
Kirchen waren oft üppig verziert und
stellen eines der Schlüsselmerkmale für die
Fassadengestaltung dar. Dieser Giebel der
französischen
Kirche Saint-Père
in Vézelay trägt
Statuen. Reiche
Fenstergestaltung
– insbesondere
Fensterrosen – war
auch äußerst
beliebt für Giebel.

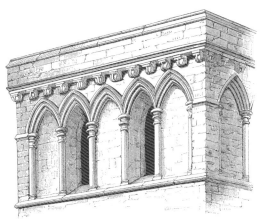

Konsolengesims

In der Romanik wurden die Ränder von
Dächern und Türmen häufig mit einer Kon-
solenreihe verziert, die die in Stein
nachgebildeten Dachbalkenenden
darstellten. Sie konnten als Köpfe, Tiere,
groteske Figuren oder einfach als geometrische Formen gestaltet sein.

Brüstung mit Konsolen

Im Wehrbau er-
möglichte die Brüstung
den Verteidigern, von
dort aus ungesehen
Geschosse abzufeuern;
auch schützte sie das
Dach vor Angriffen.
Das Eingangstor des
Palazzo della Ragione
in Mantua (Italien)
verbirgt sein Dach
hinter einer Brüstung
mit Konsolen, einer
über die Dachlinie
ragenden niedrigen
Mauer.

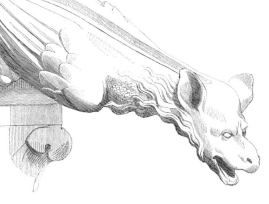

Wasserspeier

Die Auslässe für Regenwasser in der
Dachtraufe wurden im Mittelalter oft in
grotesker Tier- oder Menschenform
gestaltet; man nennt sie auch
Gargouilles. Sehr beliebt waren sie
insbesondere in Frankreich.

Gotisch

Die Gotik mutete viel leichter und graziler als die Romanik an: das gilt für Dächer genauso wie für andere Teile eines Bauwerks. Konstruktionstechniken verbesserten sich weiter, was immer kompliziertere Gebäudeformen möglich machte. Die größten Meisterwerke des gotischen Dachbaus findet man u. a. bei Hallen – großen Haupträumen zum Wohnen, Schlafen und Kochen in mittelalterlichen Häusern. Da der Dachstuhl sichtbar war, wurden seine Balken sehr häufig kunstvoll verziert, um den Wohlstand und guten Geschmack seines Eigentümers zu demonstrieren.

Halle mit offenem Dachstuhl
Die ausgesprochen hohen Fenster der Halle von Stokesay Castle (spätes 13. Jh.) in Shropshire (England) sind ein klarer Hinweis auf die Baukonstruktion innen: Die Halle muss zum Dachstuhl hin geöffnet sein, sonst wären Fenster dieser Größe nicht machbar gewesen.

Dach mit Kronenpfosten

Der zentrale Pfosten mit in alle vier Richtungen ragenden Armen wird in England sehr gerne *crown post* genannt. Er stützt die Pfette im Zentrum des Dachstuhls mit den gekreuzten Dachbalken, was verhindern soll, dass die einzelnen Dreiecksbalken gegeneinander stürzen.

Windbretter

Windbretter bringt man als Abschluss der Dachkonstruktion an der Giebelkante an, um die Dachsparren zu verdecken und zugleich vor Witterungseinflüssen zu schützen. Sie können glatt oder verziert sein, wie hier bei diesem englischen Haus aus dem späten 14. Jh. in Kent.

Windrispen

Die halbbogenförmigen Elemente zwischen den waagerechten Dachpfetten und den vertikalen -sparren werden Windrispen genannt. Sie dienen der diagonalen Dachversteifung und sollen eine Parallelverschiebung der Sparren bei starkem Wind verhindern.

Hammerbalkendach

In England ragt oft ein kurzer waagerechter Balken (Hammerbalken) aus der Wand und stützt einen senkrechten Balken, der seinerseits tragendes Element für die Dachkonstruktion ist. Das ermöglicht eine große Spannweite des Daches. In Kirchen sind die Enden der Hammerbalken oft mit Engeln verziert.

Spätgotisch

In der Spätgotik wurden durch die zunehmende Verwendung von Blei als Eindeckmaterial immer flachere Dachlinien möglich. Brüstungen verbargen das Dach vor den Blicken des Betrachters und sorgten für ein kastenartiges Äußeres der Bauwerke sowie eine nahezu gerade Decke innen. Äußerst beliebt waren durchbrochene Brüstungen, weil sie sich spektakulär gegen den Himmel abhoben. Krenelierte Brüstungen aus der Burg- und Palastarchitektur waren auch sehr in Mode, weil sie das Ritterethos widerspiegelten, das Kunst und Architektur im Spätmittelalter stark beeinflusste: Herrenhäuser und sogar Kirchen wurden mit kriegerisch anmutenden Zinnen bewehrt.

Das Dach ändert sich
Die in Mode gekommenen flacheren Dächer der Spätgotik führten bei vielen Kirchen zu einer Modifizierung der ursprünglich sehr steilen Dachlinie. Hier kann man die alte Dachform unterhalb der jüngeren flacheren Dachkante gut erkennen.

Bogenstreben

Die flacheren Dächer spiegelten sich im Inneren in geraderen Decken wider. Hier ruht ein nur leicht schräges Dach auf massiven Balken, die wiederum von in der Wand verankerten Bogenstreben gestützt werden. Kleines Dreiblattmaßwerk schmückt die Bogenzwickel, die Bogenstreben haben unten Nasen.

Durchbrochene Brüstung

Durchbrochene Brüstungen mit unverglastem, in den Himmel ragendem Maßwerk waren in der Spätgotik beliebt und wurden zum Teil äußerst kunstvoll ausgeführt. Dieses englische Beispiel eines Kirchturms in Gloucestershire ist kreneliert und hat durchbrochene Türmchen, Fialen sowie Strebebogen im Kleinformat.

Maschikulis

Maschikulis oder Pechnasen sind Wurfscharten bzw. Ausgussöffnungen im Boden hinter der Brüstung. Durch sie konnte man Angreifer bewerfen bzw. Wasser, Öl, Pech oder Schwefel auf sie gießen. Der Rittersaal der Marienburg in Malbork (Polen) hat eine krenelierte vorkragende Brüstung mit Maschikulis über den Ecktürmen.

Zierzinnen

Krenelierungen waren in der Spätgotik ein Statussymbol, suggerierten sie doch militärische Unabhängigkeit. Meist aber waren sie rein dekorativ und wenig funktional. Dieser Erker ist zinnenbekrönt; jeder Angreifer aber hätte wohl einfach die großen Fenster unten eingeschlagen.

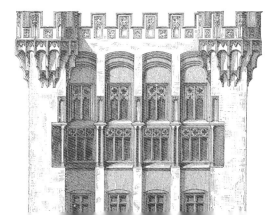

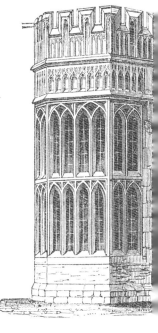

Renaissance

In der Renaissance unterschieden sich Dachlinien von Land zu Land sehr deutlich, insbesondere in der Frührenaissance. In Italien herrschten relativ flache, von der Antike inspirierte Dachformen vor; das Walmdach mit Dachflächen statt Giebeln ist ein Schlüsselmerkmal italienischer Renaissance-Architektur, ebenso wie schwere Gesimse am Übergang von der Wand zum Dach. In Frankreich waren sehr steile Dächer beliebt, in den Niederlanden und an der Nordseeküste dagegen waren formenreiche, fantasievoll gestaltete Giebel ein wichtiges Element der Dachgestaltung.

Mehrfachgiebel
Mehrere kleine Giebel in Reihe sind typisch für die englische Architektur im 17. Jh. Dieses Haus in Oxford hat Giebel über seinen Erkerfenstern. Leider waren die sogenannten Gräben zwischen den Giebeln sehr verrottungsanfällig; daher wurden solche Giebelreihen später oft ersetzt.

Variantenreiche Giebel

Fantasievolle und kunstfertige Giebel sind für Nordeuropa im späten 16. und im 17. Jh. typisch. Es gab jede nur erdenkliche Form. Das Große Zeughaus in Danzig (Polen) z. B. hat konvex-konkave Giebel, mit Roll- und Beschlagwerk sowie Obeliskenschmuck; seine Giebelspitzen sind urnenbekrönt.

Überbordende Dachlandschaft

Komplexe Dachlinien sind typisch für die französische Renaissance. Schloss Chambord vereinigt eine Mischung aus steilen Walm- und Kegeldächern über den Ecktürmen mit vielen Türmchen, Gauben und kunstvollen Schornsteinen, was ihm ein facettenreiches Aussehen verleiht.

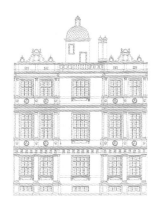

Ziergiebel

Die Dächer des Herrenhauses Longleat in Wiltshire (England) sind nur mäßig schräg und dem Blick durch eine Brüstung verborgen. Die zahlreichen Volutengiebel über den Erkerfenstern werden von je zwei kleineren Giebeln flankiert. Sie sind reiner Schmuck und akzentuieren die Dachlinie.

Walmdach

Die italienische Villa Giulia in Rom, die für Papst Julius III. um 1550 erbaut wurde, hat ein flaches, abgewalmtes Schrägdach, also vier Dachflächen. Bekrönt wird sie von einer niedrigen Laterne; am Übergang von der Wand zum Dach befindet sich ein schweres Gesims.

Barock & Rokoko

Die Barockzeit führte in vieler Hinsicht die Dachgestaltung der Renaissance weiter, insbesondere in der Verwendung von Walmdächern und schweren Gesimsen oder Brüstungen für einen geraden Gebäudeabschluss. Geschwungene Giebel und regionale Besonderheiten verloren an Bedeutung, auch wenn französische Baumeister nach wie vor sehr hohe Spitzdächer bevorzugten; in Italien, England und anderswo waren Flachdächer populärer. Die barocke Vorliebe für reichen Bauschmuck führte zur Entwicklung raffinierter Balustraden und Brüstungen, die oft mit Urnen oder Statuen bekrönt wurden. Auch das Mansarddach mit mehreren Dachflächen wurde in dieser Zeit entwickelt.

Spitzdach
Schloss Beaumesnil (erbaut Mitte 17. Jh.) hat sehr hohe Spitzdächer und markante Gauben – typisch für Barock- und Rokokohausarchitektur in Frankreich. Die Harmonie von geschwungenen Dachflächen und Wandgestaltung lassen den Bau leicht und schmuck wirken.

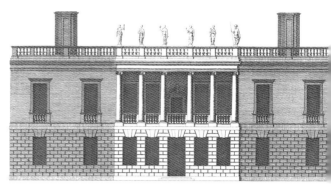

Mansarddach

Das nach dem französischen Architekten
François Mansart (17. Jh.) benannte
Mansarddach hat auf jeder Front zwei
Dachflächen. Die untere ist dabei wesent-
lich steiler als die obere und hat meist
Gauben, die zusätzlichen Wohnraum
schaffen.

Brüstung aus Balustern

Das Dach des Queen's House (1615–37) im
englischen Greenwich, London, wird von
einer durchbrochenen Brüstung aus
Balustern komplett verborgen. Die Baluster
sind vasenförmig, was zu dieser Zeit auch
für Treppen sehr beliebt wurde. Außerdem
hebt sich die Brüstung so sehr schön gegen
den Himmel ab.

Gesims

Gesimse finden sich am Übergang vom
Dach zur Wand. Sie schmücken den
Dachvorsprung und sind außerdem ein
wichtiger optischer Abschluss für die Wand
– wie dieses Gesims an der englischen
Kirche St Benet in London, entworfen um
1638 von Sir Christopher Wren.

Balustrade mit Urnen

Barocke Kirchen verwendeten
dieselbe Formensprache wie
andere Bauwerke. Das Dach
der St Philip's Cathedral
(1709–15) in Birmingham
(England) ist hinter einer
Balustrade verborgen,
deren Ecken mit Urnen
betont werden. Die
Kuppel hat ihren
Abschluss in
schwerem
Gesims.

Klassizistisch

Der Klassizismus war eine Rückbesinnung auf die Antike, die meist auf dem Studium von Originalen beruhte: die Form des Portikustempels wurde beliebt für öffentliche Gebäude und sogar für Wohnhäuser. Wie bei den Römern üblich, wurde er oft mit einer Flachdachkonstruktion kombiniert; auch bediente man sich reiner griechischer Tempelformen. Palladianische Architekten bevorzugten Walmdächer, häufig bekrönt mit einer Kuppel oder Dachlichte mit Balustrade; sie wurden zu einem Schlüsselmerkmal der Wohnhausarchitektur. Üppige Konsolgesimse aus Modillons oder Kragsteinen waren ein weiteres wichtiges Element klassizistischer Baukunst.

Satteldach im griechischen Stil
Die Glyptothek (erbaut 1816–30) in München, eine Sammlung antiker Skulpturen, war einer der ersten Museumsbauten überhaupt. Sie verbindet einen zentralen Tempel, der einen ionischen Portikus und ein Giebeldach hat, mit zwei niedrigen, von der italienischen Renaissance inspirierten Flügelbauten mit von Brüstungen verdeckten Flachdächern.

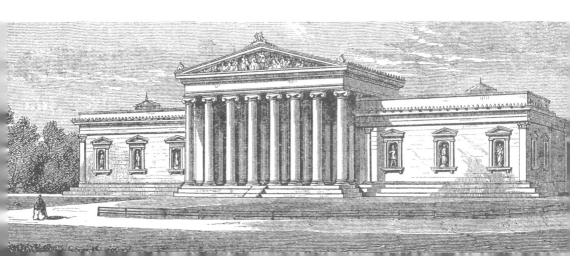

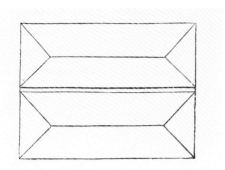

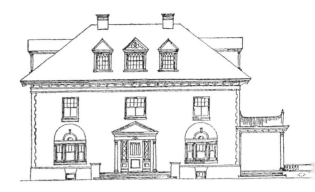

Muldendach

Um niedrige Dächer zu schaffen, die Regenwasser dennoch gut ablaufen lassen, bedienten sich Architekten oft des Muldendachs, bei dem zwei niedrige Dächer nebeneinandergesetzt und durch eine Mulde bzw. eine Rinne voneinander getrennt werden.

Walmdach

Dieses amerikanische Haus aus dem 18. Jh. hat ein auf allen vier Seiten abgewalmtes Dach, drei kleine Gauben an der Front und größere seitliche Gauben. Der Dachvorsprung ruht auf einem Konsolgesims. Zwei Schornsteine akzentuieren den First.

Modillongesims

Modillons sind schneckenförmige Konsolen, die scheinbar das Dach über sich tragen. Die Flächen zwischen den Modillons waren oft verziert – im Beispiel oben mit Rosetten. Dieses Gesims hat außerdem einen Eier- und Perlstab- sowie einen Zahnfries.

Dachlichte mit Balustrade

Dieser Entwurf aus dem frühen 19. Jh. für ein Haus in Virginia (USA) hat eine zentrale Lichte mit Balustrade auf seinem Walmdach, die den Raum über dem Treppenhaus beleuchtet. Seitlich kragt das balustradenumrandete Dach aus und wird von Portiken getragen. Diese Optik erinnert an einen griechischen Tempel.

Viktorianisch & modern

Dachlinien haben sich in den letzten 200 Jahren massiv
verändert. Die Revival-Stile im viktorianischen England
bezogen sich u. a. auf das ästhetische »Picturesque«-Ideal
der malerischen Unregelmäßigkeit und Vielfalt, was zu
sehr abwechslungsreichen Dachlinien führte. Die Entwicklung von Hochhäusern, deren Dächer von unten
kaum zu sehen waren, führte erst zum Einsatz
von schwerem und dekorativem Gesims,
später zu Flachdächern. Diese wurden im
Lauf des 20. Jh.s für Wohnhäuser und
andere Gebäude populär und sind ein
Schlüsselmerkmal der Moderne; im späten 20. Jh. aber fand man wieder zu
komplexeren Dachlinien zurück.

Vorspringendes Gesims
Das schwere Gesims am Ames Building
(1889–93) in Boston (USA) – eines der
höchsten Gebäude seiner Zeit – betont
dessen oberen Teil eindrucksvoll: das
eigentliche Dach bleibt unsichtbar. Sein
Entwurf hatte Bauten der italienischen
Renaissance zum Vorbild.

Steildach

Die hohen Steildächer der Börse (Mitte 19. Jh.) in Lyon (Frankreich) zitieren die französische Renaissance- und Barockzeit, sind aber zeittypisch größer, komplexer und raffinierter als ihre älteren Vorbilder.

Cottage orné

Die abwechslungsreiche Dachlinie ist das Hauptmerkmal dieses *Cottage orné* (19 Jh.). Zusammen mit zwei unterschiedlichen Gaubenformen, dem komplexen Walm und dekorativen Schornsteinen sorgt sie für die malerische Optik des Landhauses.

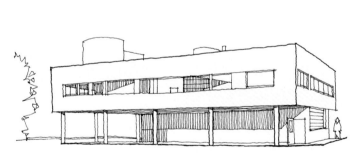

Flachdach

Architektur im 20 Jh. zeichnet sich vor allem durch weitgehend auf ihre Funktionalität reduzierte Kastenformen mit Flachdächern aus. Die Villa Savoye von Le Corbusier in Poissy (Frankreich) ist ein Schlüsselbau der Moderne. Das Flachdach ist ein Hauptaspekt ihrer puristischen Linienführung.

Dekorative Dachlinie

Wolkenkratzer haben unsichtbare Dächer. Im späten 20. Jh. verzichteten Architekten zunehmend auf deren Flachdächer und schufen dekorative Dachlinien wie etwa mit diesem überdimensionierten Sprenggiebel. Der gebänderte Wolkenkratzer »Gherkin« (»Gewürzgurke«) in London ist ein weiteres Beispiel für diese Entwicklung.

Einführung

Ein Gewölbe ist eine krummflächige Decke über einem Raum. Es wurde in der Antike erfunden und fand bei römischen, frühchristlichen und byzantinischen Bauwerken häufige Verwendung. In Westeuropa wurde es im Zeitalter der Romanik neu entdeckt; die Erfindung des Spitzbogens in der Gotik ermöglichte die Konstruktion immer größerer und kunstvollerer Gewölbe. Am häufigsten findet man sie in Kirchen, wo sie das Himmelsgewölbe symbolisieren und gleichzeitig eine feuerfeste Decke darstellen. Durch ihre Stabilität eigneten sie sich auch als den Oberbau mittragende Keller, Gruften und Krypten.

Gotisches Rippengewölbe
Die profilierten Rippen, die jedes Feld eines Rippengewöbes rahmen, sorgen für Stabilität und Struktur. Rippengewölbe wie dieses in der Basilika St. Gereon (13. Jh.) in Köln sind typisch für die Gotik. Hier entspringen die Rippen schlanken Wanddiensten und lassen das Gewölbe optisch höher wirken – wie ein elegantes Himmelszelt.

Römisches Tonnengewölbe

Die Römer entwickelten als Erste Gewölbe mit großer Spannweite. Dieses Tonnengewölbe – das immer nur eine Wölbung hat – findet sich in einem Tepidarium (Wärmeraum) der Thermen (um 100 v. Chr.) in Pompeji (Italien). Seine Fresken setzten das Bildprogramm der Wände fort.

Frühchristliche Kuppel

Kuppeln sind eine Gewölbeart – ein Bogen um eine Kreis- statt auf einer geraden Linie. Die Kuppel der frühchristlichen Kirche Santa Costanza (um 350 n. Chr.) in Rom (Italien) ist kontinuierlich gekrümmt; in den Seitenschiffen finden sich Tonnengewölbe.

Kryptagewölbe

Aus sich kreuzenden Bogen bestehende Gewölbe sind sehr tragfähig: daher wurden sie oft zur Stabilisierung von Untergeschossen wie Krypten eingesetzt. In der Kathedrale (um 1100) von Gloucester (England) unterstützen große gedrungenen Pfeiler und dicke Bogen der romanischen Krypta den darüberliegenden Chor.

Deckengewölbe

In Renaissance- und Barockzeit experimentierten Baumeister mit Deckengewölben aus Latten und Putz statt aus den traditionellen schweren Materialien wie Stein. Das ermöglichte große Spannweiten in eleganter Wölbung wie hier in der Londoner Kirche St James (frühes 18. Jh.).

GEWÖLBE

Tonne & Grat

Ein Tonnengewölbe hat eine Wölbung an der Längsachse des Bauwerks. Es ist typisch romanisch und in der Regel rundbogig, kann aber auch spitzbogig sein. Tonnengewölbe traten in der Gotik zugunsten von Rippengewölben in den Hintergrund; man entdeckte sie aber in der Renaissance als Antikenzitat wieder. Ein Kreuzgratgewölbe entsteht, wenn sich zwei gleich hohe Tonnengewölbe rechtwinkelig schneiden. Der Begriff »Grat« bezeichnet die Kante zwischen zwei einander überschneidenden Wölbflächen, »Rippe« die beim Rippengewölbe gespannte Verstärkung der Grate, die die Schubkräfte von den Wölbflächen auf die Stützpfeiler ableiten.

Gewölbejoch

Sowohl Tonnen- als auch Gratgewölbe werden oft durch Quergurte – quer zur Hauptachse des Raumes verlaufende Gurtbogen – in Joche unterteilt. Diese Bogen stabilisieren und strukturieren. In der romanischen Kirche Saint-Père in Vézelay (Frankreich) wird die Jochrhythmik unterstützt von die Bogen stützenden Diensten.

Kassettiertes Tonnengewölbe

Der barocke Petersdom in Rom, der die von Kaiser Konstantin erbaute Kirche ersetzte, hat ein Tonnengewölbe nach antiken römischen Vorbildern. Es ist prachtvoll kassettiert und durchfenstert, um Licht in den oberen Gewölbeteil einfallen zu lassen, der sonst sehr finster bleiben würde.

Quergurte

Dieser Schnitt durch ein römisches Tonnengewölbe zeigt, wie seine durchgehende Wölbfläche von Quergurten statisch unterstützt wird. Sie führen die Pilaster der Seitenschiffarkaden fort. Das die Arkadenbogen abschließende Gurtgesims betont die Horizontale.

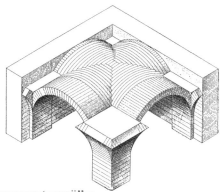

Kreuzgratgewölbe

In der Draufsicht des Kreuzgratgewölbes der Hagia Sophia, Konstantinopel (heute Istanbul, Türkei) erkennt man leicht, dass ein Kreuzgratgewölbe entsteht, wenn zwei Tonnengewölbe gleichen Querschnitts einander im rechten Winkel kreuzen. Die Grate sind die zwei Überschneidungskanten der Tonnen.

Lehrgerüst

Gewölbe wurden in der Regel über hölzernen Lehrgerüsten erbaut. Sie hatten die Form der künftigen Gewölbeunterseite; die Gewölbesteine wurden von oben darauf angeordnet. War das Bauen des Gewölbes (hier Tragwerk für eine Brücke) beendet, entfernte man das Lehrgerüst – zurück blieb das fertige Gewölbe.

Rippe

Im frühen 12. Jh. entdeckten Steinmetze, dass sich Kreuzgratgewölbe durch Rippen auf den Graten verstärken ließen. Diese Entdeckung ebnete der Gotik mit ihren typischen Rippengewölben den Weg. Die etwa zeitgleiche Einführung des Spitzbogens erweiterte die konstruktiven Möglichkeiten dieser Gewölbeart, weil Spitzbogen viel einfacher breiter oder schmaler gestaltet werden können als Rundbogen. Daraus ergab sich ein neuer Formenkanon für Gewölbe. Ab dem 13. Jh. wurden Gewölbe durch die Verwendung von dekorativen Rippen immer komplexer.

Aus Rippen entsprungene Harmonie
Der nach oben strebende Innenraum des spätmittelalterlichen Mailänder Doms (Italien) wird von einem Rippengewölbe bekrönt. Die Rippen lenken den Blick weg von der Gewölbefläche; jede Rippe hat einen korrespondierenden schlanken Wanddienst an den Mittelschiffpfeilern und bindet das scheinbar so leichte Gewölbe optisch an die Arkaden darunter an.

Sechsteiliges Gewölbe

In sechsteiligen Gewölben ist jedes Joch durch Rippen in sechs Segmente unterteilt. wie hier im Mittelschiff der Kathedrale (spätes 12. Jh.)von Canterbury (England). Die Seitenschiffe haben vierteilige Gewölbe. Sie waren eine verbreitete Gewölbeart der Frühgotik.

Scheitelrippe

In der Westminster Abbey (um 1260) in London sind die Gewölbe bereits viel komplexer als noch in Canterbury. Der Gewölbescheitel wird durch eine Scheitelrippe betont. über den Fenstern finden sich Rippen, das traditionelle Rippensystem wurde um Rippen zweiten Grades (Tiercerons) erweitert.

Liernengewölbe

In Kenntnis der dekorativen Möglichkeiten von Nebenrippen (Tiercerons) entwickelten spätmittelalterliche Baumeister Liernen. also reine Zierrippen. die zwei Hauptrippen verbinden. Sie haben keine statische Aufgabe. dienen aber der Schaffung komplexer Netzgewölbe wie hier in der Kathedrale (um1350) von Bristol (England).

Netzgewölbe

Obwohl Rippen ein Gewölbe stabilisieren. sind sie statisch nicht zwingend notwendig. Im ausklingenden Mittelalter waren Gewölberippen fast nur noch purer Schmuck. Dieses Gewölbe der Kirche St Mary Redcliffe (um 1443) in Bristol (England) besteht aus einem Netz spitzbogiger Vierpässe mit Nasen.

Rippenkonstruktion

Rippen sind verstärkende Konstruktionsteile eines Gewölbes und wurden zunächst als Unterlegung, später selbstständig konstruiert. Im Zentrum des Gewölbes und damit im Hauptknotenpunkt der Rippen befindet sich ein Schlussstein bzw. Knauf oder Abhängling, der die Rippen zusammenhält und für eine gleichmäßige Belastung der Konstruktion darüber sorgt. Schlusssteine wurden oft mit Skulpturen geschmückt. Sorgfältig errichtete Gewölbe sind sehr stabil und können auch einen Teileinsturz überstehen; sind Gewölbe aber falsch konstruiert, ist ihr Einsturz geradezu vorprogrammiert.

Gewölberuine
Auch ein teilweise eingestürztes Gewölbe oder eine Gewölberuine können noch standhaft sein. Die Rippen und Quergurte der Chorruine von Kloster Melrose (Schottland; spätes 14. Jh.) bleiben in sich stabil, obwohl der Rest des Gewölbes fehlt. Nur die breiten Diagonalrippen sind tragend; die schmaleren Tiercerons und Liernen sind wie die Scheitelrippe im Gewölbezentrum reiner Schmuck.

Tas-de-charge

So nennt man die unteren Steine eines Gewölbeansatzes, die alle Rippen und die schmalen Bogenprofile zusammenhalten und noch in der Wand verankert sind. Im weiteren Verlauf nach oben sind die Rippensteine immer stärker gekeilt, bis sie eine sich selbst tragende Kurvung ergeben.

Gewölbekappen

Die Kappen zwischen den Rippen wurden keilförmig zusammengesetzt, damit die Steine mehr seitlich gegeneinander als nach unten drückten. An dieser Gewölberuine von Sherborne Castle in Dorset (England) lässt sich erkennen, dass man auch die Gurtbogen ganz oben keilförmig fügte.

Gewölbedienste

Gewölberippen dienen der Baustatik, wohingegen die sie mit den tragenden Pfeilern verbindenden Gewölbedienste hauptsächlich dekorativ sind. Lange, schlanke Dienste wie hier in Notre-Dame de Paris (Frankreich) verschränken das Gewölbe optisch mit seinem Unterbau.

Skulptierter Schlussstein

Der Schlussstein im Zentrum eines Gewölbes trägt oft Figurenschmuck wie diesen Engel in Laon (Frankreich), ist aber auch ein wichtiger statischer Konzentrationspunkt, der die Gewölberippen zusammenhält und dafür sorgt, dass sie sich gegenseitig stützen.

Strebewerk

Gewölbe übten großen Druck auf die Wände darunter aus und erforderten daher Stabilisierung durch Strebewerk. Römische und romanische Bauwerke mit Tonnen- oder einfachem Kreuzgewölbe wurden in der Regel mit Strebepfeilern an statisch neuralgischen Wandpunkten verstärkt; diese waren aber nicht ausreichend für das enorme Gewicht hoher Rippengewölbe. Offenes Strebewerk mit zusätzlichen frei stehenden Bogen zur Sicherung der Gewölbehauptlastpunkte entwickelte sich in der Gotik und wurde zu einem wichtigen Element für die Außengestaltung gotischer Kathedralen, speziell in Frankreich.

Offenes Strebewerk
Das offene Strebewerk an der Kathedrale (13. Jh.) von Amiens (Frankreich) ist von aller Wucht befreit und typisch gotisch außen zur Schau gestellt. Es unterstützt die Gewölbe; Strebebogen, die an den entscheidenden Belastungspunkten positioniert sind, leiten den Schub der Gewölbe in die Strebepfeiler ab.

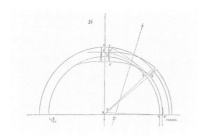

Gewölbebelastungspunkte

Die Hauptbelastungspunkte eines Gewölbes sind Scheitel und Kämpfer, wo es auf den senkrechten Wänden aufliegt. Wenn es fachgerecht konstruiert ist, wird der Abwärtsdruck in die Wände abgeleitet; wenn nicht, bricht es zusammen.

Strebebogen

Mit Strebebogen stabilisierte man Gewölbe an den Stellen, wo die stärksten Kräfte auftraten. Sie nahmen den Seitenschub von Gewölben auf: über Strebepfeiler wurden die Kräfte dann zum Boden abgeleitet und die Wände damit entlastet.

Pilaster als Strebewerk

Strebewerk diente auch zur Stabilisierung von nicht über-wölbten Wänden. Hier stützen Strebepilaster den Giebel dieser gewölbelosen englischen Kirche in Manton. Das gestufte Strebewerk wird nach unten hin dicker, um die Mauerbasis zu verstärken.

Fialen

Die hohen Fialen des offenen Strebewerks tragen sehr zum dekorativen Gesamteffekt des Gebäudeäußeren bei, haben aber auch konstruktive Funktion: Sie geben dem Übergang von Strebebogen zu Strebewerk oben zusätzliches Gewicht und stabilisieren so diesen statisch neuralgischen Punkt.

Fächer

Das Fächergewölbe, eine englische Spezialität, entwickelte sich im späten 15. Jh. aus Liernen- und Netzgewölben. Die Gestaltung der Fächer setzte im Gewölbe die Maßwerkmuster von Wänden und Fenstern fort und sorgte für ein harmonisches Ganzes. Auch wenn Fächergewölbe sehr zart wirken, werden sie von mächtigen Rippen auf der verborgenen Rückseite getragen; die einzelnen trichterförmigen Fächer pressen gegeneinander und halten so das Gesamtgewölbe in Position. Abhänglinge wirken konstruktiv eigentlich nicht durchführbar, sind aber durch ihre tragenden Strukturen absolut stabil.

Blendmaßwerk
Die konzentrischen Blendmaßwerkmuster, die den Fächerformen folgen, korrespondieren mit dem Maßwerk der Fenster und der Blendarkaden in den unteren Wandbereichen. Das Fächergewölbe in der King's College Chapel in Cambridge ist wohl das berühmteste in England.

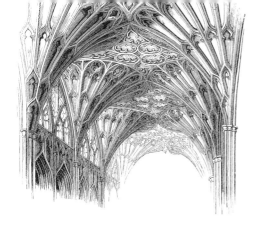

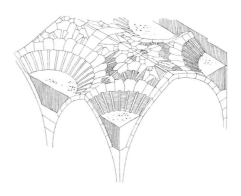

Aufgefächerter Gewölbeansatz

Fächergewölbe wurden zunächst meist für
kleine Räume wie Grablegungen und
Kreuzgänge eingesetzt, hier in der
Kathedrale (um 1470) von Gloucester
(England) – vielleicht aus Sorge um ihre
Stabilität. Man erkennt, dass sich die
Fächer durch aus den Wandpfeilerprofilen
aufsteigenden Rippen entfalten.

Konstruktion des Fächergewölbes

Während Rippengewölbe ihre Konstruktion
deutlich erkennen lassen, ist sie bei einem
Fächergewölbe auf dessen Rückseite
verborgen. Diese Draufsicht auf das
Mittelschiffgewölbe in Sherborne Abbey in
Dorset (England) zeigt, dass die Fächer auf
großen Rippen ruhen, die auf der anderen
Seite nicht zu sehen sind.

Ornamentierung

Ein Fächergewölbe
mit Abhänglingen
hat einen sehr
dekorativen
stalaktitenartigen
Effekt. Die großen
Steingebilde werden
teils von enormen
Quergurten getragen,
die ihrerseits üppig
mit Nasen und
anderen Ornamenten
verziert sind – hier in
der Kapelle von
Heinrich VII. in der
Westminster Abbey
(1503–19), London
(England).

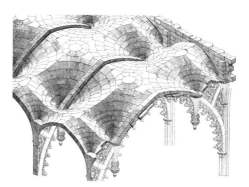

Gewölbe mit Abhänglingen

Auf der Rückseite des Gewölbes in der
Kapelle von Heinrich VII. in der Westmins-
ter Abbey finden sich große tragende
Bogen, wie hier gezeigt. Ein genaues
Hinsehen ergibt, dass die Abhänglinge ein
Konstruktionsteil dieser Bogen sind, auch
wenn sie die Endstücke der Gewölbetrichter
auf der Vorderseite zu sein scheinen.

Einführung

Eine Kuppel ist eine Gewölbeform, die runde, vier- oder vieleckige Räume in regelmäßigen Krümmungen überspannt. Sie kann rund, oval oder auch polygonal sein und ist meist die Bekrönung eines Bauwerks. Kuppeln wurden wie Gewölbe von den Römern entwickelt und waren wichtiger Bestandteil frühchristlicher und byzantinischer Architektur. In der Renaissance erfuhren sie eine völlig neue Konzeption; für Klassizismus und Historismus sind sie ein Schlüsselmerkmal. Im 20. Jh. experimentierten Architekten mit neuen Materialien, um große Flächen wie etwa Sportstadien zu überkuppeln.

Römische Kuppel

Kuppeln waren ein wichtiges Element antiker römischer Baukunst und wurden in nachfolgenden Epochen immer wieder als Antikenzitat verwendet. Diese Rekonstruktion des Vestatempels (1. Jh. v. Chr.) in Tivoli (Italien) zeigt eine typische römische Flachkuppel aus konzentrischen Ringen auf einem niedrigen Tambour.

Frühchristliche Kuppelbasilika

Typisch für frühchristliche und byzantinische Basiliken waren Kuppeln als Bekrönung eines formenreichen Baukörperensembles, wie hier bei der Hagia Sophia (8. Jh.) in Thessaloniki (Griechenland). Die Kegel auf den Apsiden bestehen aus mehreren Dachflächen und sind daher keine Kuppeln.

Renaissance-Kuppel

Kuppeln sind ein Schlüsselmerkmal für Kirchen der Renaissance- und Barockzeit. In der Regel befanden sie sich über der Vierung und wurden oft mit einer antiken Tempelfront kombiniert, wie hier bei Andrea Palladios Kirche Il Redentore (1577–92) in Venedig (Italien). Das wirkt majestätischer und solider als gotische Architektur.

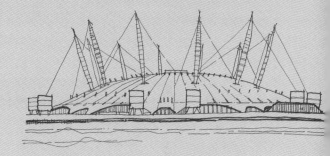

Kuppelsilhouette

Kuppeln verleihen Gebäuden eine individuelle Silhouette, die sich markant gegen den Himmel abhebt, wie es hier beim Kapitol in Washington, D.C., (USA) der Fall ist. Seine große zentrale Rotunde wird beleuchtet von einer Laterne und Fensterreihen, die hinter den Kolonnaden des Tambours verborgen sind.

Kuppelzeltdach

Londons Millennium Dome, 1999 erbaut für die bevorstehenden Millenniumsfeierlichkeiten, ist der größte Kuppelbau der Welt. Technisch gesehen ist das Dach aus teflonbeschichetem Glasfasergewebe keine Kuppel, da es Stützen hat. Seine Form jedoch entspricht der einer römischen Flachkuppel.

Konstruktion

Die ersten Kuppeln ruhten auf runden oder vieleckigen Bauten und führten deren Wände auf- und einwärts weiter nach oben. In byzantinischer Zeit entdeckte man, dass sich die Lücken zwischen gewölbter Kuppel und viereckigem Unterbau mit dreieckigen Zwickeln – Pendentifs – überbrücken ließen. Römische, frühchristliche und byzantinische Kuppeln wurden in der Regel einschalig aus Beton oder Ziegel errichtet. In der Renaissance entwickelten Architekten die zweischalige Kuppel. Dadurch konnte ihr Äußeres sehr viel größer und markanter gestaltet werden.

Rundkuppel
Das von Kaiser Konstantin für seine Töchter Constantina und Helena um 350 n. Chr. erbaute Mausoleum (heute Santa Costanza, Rom/Italien) hat eine Rundkuppel auf einem zentralen Rundbau. Die Kuppel ruht auf arkadengestützten Mauern; ihre Drucklast wird durch einen dickwandigen Chorumgang aufgefangen.

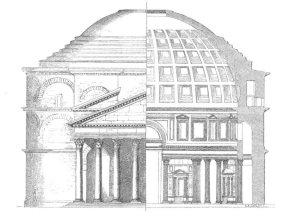

Einschalige Kuppel

Bei einer einschaligen Kuppel stehen innere und äußere Wölbung in engem Bezug zueinander, wie dieser Schnitt des Pantheons in Rom (Italien) zeigt. Obwohl die Kuppel innen halbkreisförmig ist, ermöglicht die Dicke der Schale eine viel flachere Außenform der Kuppel.

Pendentifs

Byzantinische Baumeister fanden heraus, dass man sphärische Dreiecke zur Überbrückung der Lücke zwischen viereckigem Unterbau und Kuppelrundung verwenden kann. Diese Pendentifs ermöglichten Kuppeln über der Vierung einer Basilika wie hier bei der Hagia Sophia in Konstantinopel (heute Istanbul/Türkei).

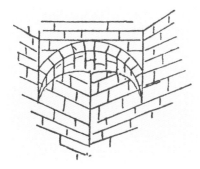

Tambour

Kuppeln sitzen nicht immer direkt auf einem Baukörper, sondern können durch einen zylinderförmigen Unterbau, den Tambour, an Höhe gewinnen, wie hier beim Invalidendom ca. (1680–1720) in Paris (Frankreich). Meist hat der Tambour Fenster zur Beleuchtung des Kuppelraums.

Trompe

Im Vergleich zum Pendentif ist die Trompe eine weniger elegante Lösung, überbrückt aber genauso die Lücke zwischen eckigem Unterbau und runder bzw. vieleckiger Kuppel. Trompen bestehen z. B. aus Kragsteinen oder kleinen Bogen.

Einfach

Alle Kuppeln haben regelmäßig gekrümmte Mantelflächen und Grundrisse. Einfache Kuppeln haben einen Kreis als Grundform. Es lassen sich aber sehr unterschiedliche Grundrisse überwölben. Kuppeln basieren letztlich auf Bogen und können wie diese rund, spitz oder kielbogenförmig sein. Es gibt Flachkuppeln mit einem Kugelabschnitt als Wölbung und überhöhte Kuppeln mit einem Tambour als Unterbau. Die Ellipsen- oder Ovalkuppel hat einen elliptischen Grundriss.

Flachkuppel
Eine Flachkuppel erinnert an eine umgedrehte Untertasse. Sie wird von keinerlei Schmuck bekrönt und war eine typisch römische Kuppelform. Als Antikenzitat wurde sie in Renaissance und Klassizismus sehr beliebt – wie die Kirche Sant'Andrea in Via Flaminia (1550–53), Rom (Italien), die zum Teil das antike römische Pantheon zum Vorbild hatte.

Halbkreisförmige Kuppel

Um einer Kuppel mehr Höhe zu geben, kann sich eine perfekte Halbkugel auf einem hohen Tambour erheben, wie bei Albertis Kirche Sant'Andrea (begonnen 1470, die Kuppel ist barock) in Mantua (Italien). Die Laternenkuppel wiederholt die Form der großen im Kleinformat.

Überhöhte Kuppel

Im Gegensatz zu einer Kuppel auf einem Tambour verläuft eine überhöhte Kuppel wie hier auf der Sultan-Barquq-Moschee (15. Jh.) in Kairo (Ägypten) seitlich gerade nach unten. Das verleiht ihr eine schlanke, elegante Optik; die Fensteröffnungen allerdings müssen relativ klein ausfallen.

Dreischalige Kuppel

Sir Christopher Wren schuf für die St Paul's Cathedral in London (England) eine dreischalige Kuppel und damit ein harmonisches Kirchenäußeres, ohne übermäßige Statikprobleme aufzuwerfen. Zwischen innerer und äußerer Kuppel sitzt ein stützender Ziegelkonus, die Kuppelbedachung ist aus Holz und Blei.

Ovale Kuppel

Ovalkuppeln waren im Barock beliebt und machten die Kuppel zu einem wesentlichen Teil von Bauwerken, deren kraftvolle Formenbewegtheit zeittypisch war. Die gigantische Kuppel der Karlskirche (1715–37) in Wien (Österreich) bekrönt den ovalen Hauptraum. Das Oval findet sich auch bei den Fenstern in der Kuppelschale wieder.

Komplex

Komplexe Kuppelformen erhält man, wenn man die Kuppeloberfläche in mehrere gerade oder gewölbte Segmente teilt. Die Stoßkanten zwischen diesen Segmenten können durch Rippen betont bzw. verstärkt werden. Es lassen sich auch Neben- oder Halbkuppeln um die Hauptkuppel komponieren. Die Wölbung einer Halbkuppel dient gleichzeitig der Statik – die Halbkuppel ist Stütze für ihre Hauptkuppel. Kuppeln mit komplexem Querschnitt wie sehr spitzen Kielbogen sind beispielsweise die für russische Architektur so typischen Zwiebelkuppeln.

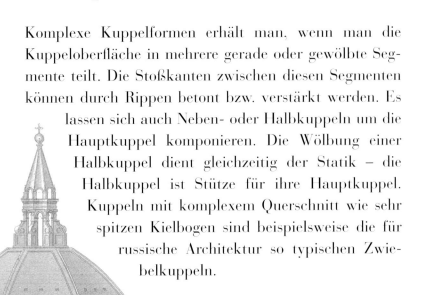

Polygonale Kuppel
Die erste vieleckige Kuppel der Architekturgeschichte ist Filippo Brunelleschis achteckige Meisterleistung auf Santa Maria del Fiore (1419–36), dem Dom von Florenz (Italien). Zunächst legte man ringförmiges Ziegelmauerwerk in Fischgrätmuster an. Der nächste Mauerring wurde mit eingebauten senkrechten Haken aufgehängt. Die folgenden Schichten wurden so geschickt mit den anderen verbunden, dass sie sich selbst stützten. Eine leichte Außenhülle umschließt die solide Innenkuppel.

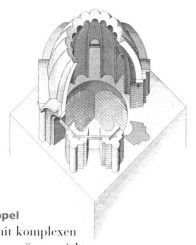

Kürbiskuppel

Kuppeln mit komplexen Grundrissen müssen nicht auf geraden Wänden ruhen. Die Kirche St. Sergius und Bacchus (527–36) in Konstantinopel (heute Istanbul, Türkei) hat eine kürbisartige Kuppel aus 16 Segmenten, die außen konvex und innen konkav sind. Diese Kurvenlinien werden in Fensterbogen und Strebewerk aufgegriffen.

Kuppel mit Spitze

In der islamischen Architektur sind Kuppeln mit großem Formenreichtum insbesondere für Moscheen sehr beliebt, meist in leicht nach innen gezogenen bauchigen Formen, wie hier beim Tadsch Mahal (1632–54) in Agra (Indien). Islamische Kuppeln münden meist in Spitzen und nicht in Aufsätzen wie christliche Kuppeln, etwa Laternen.

Zwiebelkuppel

Zwiebelkuppeln sind nach der Gemüsepflanze benannt, haben einen zwiebelförmigen Querschnitt und sind typisch für russische und orthodoxe Sakralbauten. Im Gegensatz zu anderen Kuppeln haben sie meist keine Innenkuppel, sondern sind reine Schmuckaufsätze.

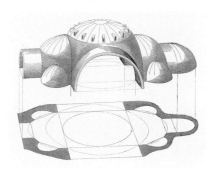

Halbkuppel

Ein Halbkuppelarrangement nutzt die Stabilität von Kuppelwölbungen als Verstärkung und zugleich zum Raumgewinn. Die Hagia Sophia (533–537) in Konstantinopel (heute Istanbul, Türkei) hat eine von zwei Halbkuppeln flankierte Flachkuppel, die ihrerseits wiederum von kleineren Halbkuppeln gestützt werden.

Kuppelaufsatz & Laterne

Die meisten Kuppeln werden von einer Laterne oder einem Kuppelaufsatz bekrönt – in der Regel schmale turmartige Aufbauten mit Fenster- oder Luftöffnungen. Sie haben sehr ähnliche Funktionen. Man erkennt Kuppelaufsätze an ihren kleinen Kuppeln; Laternen haben meist Spitzdächer. Sie können als Schmuck auch auf Dächern und Türmen statt auf Kuppeln zum Einsatz kommen. Der Laternenturm ist gelegentlich auch der zentrale Turm einer Kirche; seine großen Fenster dienen der Beleuchtung der Vierung im Inneren des Bauwerks.

Polygonale Laterne
Die facettierten Oberflächen der achteckigen Laterne im Kuppelscheitelpunkt des Domes (15. Jh.) von Florenz (Italien) spiegeln die Frontformen des Domes wider. Die Schnecken am kleinen Strebewerk leiten von den geschwungenen Domfronten in die geradflächige Laterne über, die von einer Kugel mit einem Kreuz bekrönt wird.

Achteckige Laterne

Der achteckige Laternenturm der Kathedrale von Ely (England) ersetzte im 14. Jh. den eingestürzten romanischen Vierungsturm. Die hölzerne Laterne ist so bemalt, dass sie wie Stein wirkt. Sie hat große Fenster, die das Zentrum der Kathedrale erhellen.

Kuppelaufsätze auf Dächern

Kuppelaufsätze gibt es auch ohne große Kuppel darunter. Beim Renaissance-Schloss Chambord (Frankreich: begonnen 1519) sind die kegelförmigen Dächer der großen Erkerfenster mit Kuppelaufsätzen bekrönt: der zentrale Treppenturm hat eine kleine Kuppel mit Laterne.

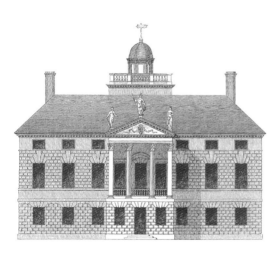

Klassizistischer Kuppelaufsatz

Ein von einer Balustrade umschlossener Kuppelaufsatz ist typisch für das 18. und frühe 19. Jh., wie dieses englische Beispiel auf einem Haus in Amesbury (18. Jh.) zeigt. Diese Machart war aber auch in den Vereinigten Staaten und anderswo beliebt und sorgte für gute Beleuchtung von Treppenhäusern oder Eingangshallen.

Schmuck

Sowohl Kuppelaufsatz als auch Laterne sind oft mit einem Ornament bekrönt – etwa einem Kreuz, einer Wetterfahne oder einer Kreuzblume –, das für einen harmonischen Abschluss sorgt. Die kielbogenförmige kleine Kuppel der Kirche St Paul's in London (England) hat eine schwanenförmige Wetterfahne auf einem langen Spieß.

Einführung

Grundsätzlich gilt jedes Bauwerk, das deutlich höher ist als breit, als Turm. Türme streben gen Himmel, ziehen Aufmerksamkeit auf sich und vermitteln den Eindruck von Stärke, Macht und Reichtum. Sie sind eng verknüpft mit Verteidigungsanlagen wie Burgen, mit Sakralbauten – und mit bürgerlichem Stolz. Sie sind sehr zweckmäßig, da sie durch ihre Höhe leicht zu verteidigen sind. Sie sparen Grundfläche und bieten die Möglichkeit, sich akustisch über große Entfernungen bemerkbar zu machen. Kirchtürme sind typische Merkmale für mittelalterliche Städte und Dörfer. Heute dominieren Wolkenkratzer unsere Skylines und sind Zeichen für die Energie städtischen Lebens.

Kirchturm
Die spanische Stadt Santiago de Compostela war einer der wichtigsten Wallfahrtsorte des Mittelalters. Die Türme der Kathedrale und anderer Kirchen überragten die Gebäude ihrer Umgebung, waren weithin sichtbar und wiesen den Pilgern, die von weither kamen, den Weg.

Minarett

Die als Minarette bekannten hohen, schlanken Türme sind Merkmale islamischer Moscheen. Minarette stehen oft paarweise, wie hier bei der Blauen Moschee (Sultan-Ahmed-Moschee) in Istanbul. Von der oberen Plattform ruft der Imam die Gläubigen zum Gebet.

Turm mit Zinnen

Das französische Schloss Mehun-sur-Yèvre aus dem späten 14. Jh. (hier eine Rekonstruktion) wirkt verschnörkelt, diente mit seinem hohen, turmflankierten Torhaus, dem Wassergraben mit schmaler Brücke, starken fensterlosen Mauern unten und Zinnentürmen jedoch als Verteidigungsanlage.

Zurückspringende Stockwerke

Die horizontalen Abschnitte eines Turmes nennt man Stockwerke. Sie können unten wie oben die gleichen Maße haben – oder sich, wie dieser Renaissance-Turm, nach oben verjüngen. Die einzelnen Stockwerke dieses Turmes haben von der Antike inspirierte Kolonnaden, die jedoch keine bauliche Funktion erfüllen.

Skelett aus Metall

Der Eiffelturm in Paris wurde 1889 erbaut und war seinerzeit mit rund 300 Metern das höchste Bauwerk der Welt. Er bewies, dass ein Metallskelett sehr hohes Bauen ermöglichte, auch wenn damit andere technische Neuerungen wie der Aufzug für hohe geschlossene Gebäude notwendig wurden.

Wehrtürme

Türme waren und sind ein wichtiger Teil einer Verteidigungsanlage. Durch ihr Höhe bieten sie weiten Ausblick und ermöglichen es, den Feind von oben zu bekämpfen. Ursprünglich hatten Türme dicke Mauern mit kleinen Fenstern und waren daher nur schwer anzugreifen. Mit der Erfindung großkalibriger Geschütze verlor diese Bauweise jedoch an Wirkung. Verteidigungstürme standen allein, wurden als Ecktürme an eine Mauer angegliedert oder waren Teil einer großen Burg- bzw. Schlossanlage. Adlige Bauherren lehnten sich an diese Architektur an und übernahmen Türme als Statussymbole für ihre ansonsten völlig ungeschützt wirkenden Herrensitze.

Festungsturm
Die Wichtigkeit von Türmen zur Verteidigung ist am Beispiel der spanischen Burg Medina del Campo (15. Jh.) deutlich erkennbar. Sowohl die Tortürme als auch die vorspringenden Ecktürme ermöglichten den ungehinderten Beschuss des Feindes. Der mächtige Bergfried mit seinen dicken und leicht zu verteidigenden Mauern bot einen weiten Ausblick.

Zentraler Bergfried

Eine Burg besteht nicht nur aus einem Turm, sondern auch aus dicken Mauern, Torhaus, Eck-türmen und anderen Verteidigungsbauten. Der große zentrale Bergfried aber, wie hier beim Alten Louvre in Paris zu sehen, war Wahrzeichen der Burg. Er diente als letzter Zufluchtsort in einer Schlacht und war Sinn-bild für Reichtum und Macht seines Besitzers.

Wohnturm

Mit seinen dicken Mauern und kleinen Fenstern und ohne umgebende Mauern diente der Wohnturm zu Wohn- wie zu Verteidigungszwecken. Langley Castle (14. Jh.) steht an der Grenze zwischen England und Schottland, wo grenzübergreifende Raubzüge an der Tagesordnung waren. Die Burg bot sowohl den Dorfbewohnern als auch ihren adligen Besitzern Schutz.

Irischer Rundturm

Hohe, schlanke und frei stehende Tür-me sind ein Schlüsselmerkmal der mittelalterlichen Architektur Irlands. Das Innere war meist über eine Leiter und eine höher gelegene Tür zu erreichen. Wahrscheinlich handelt es sich hier um Klostergebäude, die auch als vorüber-gehende Zufluchts-orte in Kriegszeiten genutzt wurden.

Ritterlich

Die unterschiedlichen Funktionen der Geschosse im Ritterturm der Burg in Mal-bork (Marienburg; Polen) erkennt man an den verschiedenen Fensterformen und -aus-maßen. Besonders der weitläufige Rittersaal im Obergeschoss hat deutlich größere und reicher mit Maß-werk verzierte Fenster als die tiefer gelegenen Bediensteten-geschosse.

Kirchtürme

Türme sind Schlüsselmerkmale für christliche Kirchen. Ihre hoch aufragende Silhouette machte die Kirche zum auffälligsten Gebäude in Städten und Dörfern. Die Gemeinden überboten sich gegenseitig darin, ihre Kirchen mit immer höheren und reicher verzierten Türmen zu schmücken. Meist wurde der Turm zentral über dem Kreuzungsraum von Langhaus und Querschiff oder im Westen der Kirche errichtet. Insbesondere in Deutschland und den Niederlanden wurden Türme häufig an den Ecken des Gebäudes platziert. Türme sind typisch in Romanik und Gotik, aber auch für Neoklassizismus und Gothic Revival.

Vierungsturm
Der Kreuzungsraum von Langhaus und Querschiff gilt als Herzstück einer Kirche und wird außen oft durch einen Vierungsturm betont, wie hier im französischen Rouen bei der Kirche Saint-Ouen (1318 begonnen). Der Turm hat große Fenster, die einen andernfalls dunklen Innenraum mit Licht durchfluten.

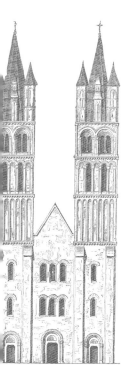

Schmuckreicher Turm

Zwei Westtürme sind ein Schlüsselmerkmal von Großkirchen der Romanik und Gotik. Bei St-Étienne (12. Jh.) in Caen (Frankreich) stehen der glatten Fassade unten die schmückenden Blendarkaden im oberen Bereich der Westtürme gegenüber. Sie wiederholen sich an den Ecktürmchen neben den Turmhelmen.

Turmgruppen

Turmgruppen am Westmassiv und Vierungsturm mit Flankentürmen sind Schlüsselmerkmale deutscher Kirchen der Romanik – hier die Abteikirche Maria Laach. Sie geben dem Bauwerk ein geradezu militärisches Aussehen. was durch schmucklose Blendarkaden noch verstärkt wird.

Pfarrturm

Der Turm einer Pfarr- oder Dorfkirche war Sinnbild lokalen Stolzes. Während Kathedralen oder Klöster oft mehrere Türme haben. erhebt sich über Pfarrkirchen meist nur ein Turm über der Vierung oder an der Westseite. wie hier bei St Neots, Cambridgeshire (England).

Asymmetrischer Turm

Asymmetrische Türme sind typisch für den Gothic-Revival-Stil. Architekten wollten den Eindruck erwecken. das Bauwerk sei über einen längeren Zeitraum hinweg immer wieder umgebaut worden. Der Turm dieser schottischen Kirche aus dem 19. Jh. steht an einer Ecke. was dem Gebäude ganz bewusst eine unregelmäßige Silhouette verleiht.

Glockentürme

Das Glockenläuten ist ein wichtiger Bestandteil christlicher Zeremonien. Es ertönt bei Hochzeiten, Beerdigungen und an Feiertagen wie Ostern. Die Glocken hingen in der Regel an hölzernen Glockenstühlen hoch oben im Turm, um ihren Klang möglichst weit zu tragen. Der Glockenstuhl befand sich in der Glockenstube, deren Fenster unverglast blieben, um den Ton nicht zu behindern. Auch zu weltlichen Zwecken wurden Glocken eingesetzt: Sie warnten die Bevölkerung vor Gefahr und verkündeten die Zeit. Daher findet man häufig hohe Glockentürme auf Rathäusern oder anderen städtischen Gebäuden.

Frei stehender Turm
Die starken Erschütterungen durch regelmäßiges Glockenläuten ermüdeten die Bausubstanz von Kirchen und brachten deren Türme oft zum Einsturz. Hatte ein Baumeister zu wenig Vertrauen in das Fundament, baute er den Turm losgelöst von der Kirche. Dieses Misstrauen war durchaus berechtigt, betrachtet man den frei stehenden Turm neben dem Dom (12. Jh.) von Pisa (Italien), der sich gefährlich neigt.

Kampanile

Italienische Glockentürme, die *campanili*, stehen meist getrennt von der Kirche. Der Kampanile von Sant'Apollinare in Classe (532–549) bei Ravenna (Italien) war einer der ersten runden aus Ziegelstein. Seine Rundbogenfenster vergrößern sich nach oben proportional in jedem Geschoss.

Glockenfenster

Die Fenster der Glockenstube sind leicht zu erkennen, da sie unverglast sind, um den Ton nicht zu dämpfen. Oft setzte man Lamellen ein, um Vögel auszusperren – wie hier bei der Kirche von King's Sutton, Northamptonshire (England).

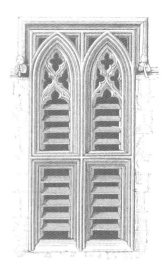

Glockengiebel

Konnte sich eine Kirche den Bau eines Turmes nicht leisten, wurde über dem eigentlichen Giebel oft ein kleiner Glockengiebel mit ein bis zwei Glocken errichtet – meist in Bogenform innerhalb eines Giebels.

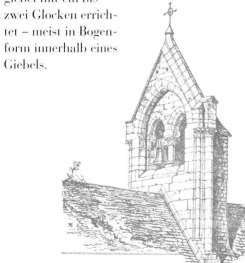

Städtischer Glockenturm

Glocken wurden sakral und weltlich genutzt, verkündeten die Zeit und warnten vor Gefahr. Hohe Glockentürme wie der Belfried in Brügge waren im spätmittelalterlichen Belgien und Flandern verbreitet und fanden bis ins 19. Jh. Nachahmer wie den Big Ben in London (England) oder den Turm der Philadelphia City Hall, USA.

Spitzen & Helme

Am oberen Ende eines Turmes befindet sich oft ein hoher, sich verjüngender Aufsatz, den man Turmspitze oder Turmhelm nennt. Der Turm wird dadurch nicht nur höher, sondern findet auch einen optisch ansprechenden Abschluss. Es gibt mehrgeschossige und/oder durchbrochene Spitzen und solche, die sich nicht durchbrochen und stufenlos nach oben verjüngen. Man findet Konstruktionen aus Stein oder Holz, die mit Blei oder anderen Materialien wie etwa Schindeln gedeckt sein können. Turmspitzen haben die unterschiedlichsten Formen, sie können konisch, pyramidenförmig oder vieleckig sein.

Bau in Etappen

Da der Bau von Turmspitzen teuer war, wurden sie oft erst nach und nach hinzugefügt. Die südliche (rechte) Turmspitze der Kathedrale von Chartres in Frankreich wurde im späten 12. Jh. erbaut, während man die Nordspitze (links) erst im frühen 16. Jh. vollendete. Der Helm des Südturms ist eine bleigedeckte Holzkonstruktion, der Helm des Nordturms hat mehrere Geschosse aus Stein, was den bautechnischen Ehrgeiz seiner Entstehungszeit widerspiegelt.

Englischer Spitzhelm

Charakteristisch für gotische Kirchen und Kathedralen in England ist der sehr hohe schlanke Spitzhelm *(needle spire)*, meist eine bleigedeckte Holzkonstruktion. Der Spitzhelm der Kathedrale von Salisbury aus dem 14. Jh. bekrönt den dadurch stolze 123 Meter hohen Vierungsturm.

Französische Spitztürmchen

Gotische Kirchen in Frankreich sind oft reich mit schlanken, spitz zulaufenden Türmchen *(flèches:* franz.: Pfeil) ge- schmückt – meist bleigedeckte, filigrane Metall- oder Holzkons- truktionen. Im Unter- schied zu englischen Helmen als Abschluss von Vierungstürmen haben diese Türmchen nicht immer einen großen Turm unter sich.

Rokokohaube

Geschwungene Hauben auf Turmspitzen sind typisch für das Rokoko und zitieren oft klassische Motive, etwa als schnörkelreiches Muschelwerk. Die Turmspitze der Stadtpfarrkirche (um 1780) in Graz (Österreich) hat eine Uhr und Öff- nungen mit Fens- terläden, um das Läuten aus der Glockenstube drin- gen zu lassen.

Klassizistischer Helm

Auch im Klassizismus waren Turmspitzen sehr verbreitet, verziert mit antiken Elementen wie Säulen, Obelisken und Urnen. Englische Archi- tekturbücher aus dem 18. Jh. beeinflussten spätere amerikanische Bauingenieure wie Ithiel Town, der 1812–14 die Center Church in New Haven, Connecticut (USA), gestaltete.

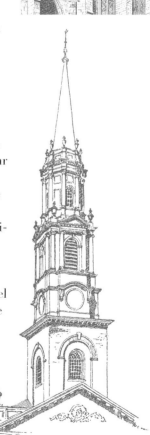

Türmchen & Fialen

Ein Türmchen ist ein kleiner Turm, der meist an den Ecken eines Bauwerks platziert ist. Wie die großen Türme ragt er über die Dachlinie hinaus, ist aber meist nicht geräumig genug für mehr als einen Treppenaufgang. Fialen, noch kleiner als Türmchen, sind in der Regel reine Zierelemente und haben keinen Innenraum. Sie sind oft Bekrönung von Strebepfeilern und sorgen für bautechnisch wichtigen Abwärtsdruck. Türmchen und Fialen sind gotische Schlüsselmerkmale. Beide gelten als Wegbereiter für die Entwicklung der Mikroarchitektur im späten Mittelalter, die Bauwerke mit architektonischen Elementen in stark verkleinerter Form verzierte.

Fialen

Fialen auf Strebepfeilern sorgen nicht nur für die grazile Anmutung spätgotischer Baukunst. Sie beschweren außerdem die Strebepfeiler und verbessern so die statischen Verhältnisse, wie hier bei der Kathedrale St. Barbara (spätes 14. Jh.) in Kutná Hora, Böhmen (heute Tschechische Republik).

Ecktürmchen

Durch ihre geringe Größe wirken Türmchen weniger dominant als große Türme, sind aber dennoch ein klarer optischer Abschluss. Zusammen mit den deutlich kleineren Fialen auf jedem Strebepfeiler verleihen die vier Ecktürmchen der King's College Chapel (1446–1515) in Cambridge (England) ihr markantes Aussehen.

Turmfialen

Fialen zieren oft die Ecken gotischer Türme, wie bei dieser Kirche in Cromer, Norfolk (England). Sie runden die scharfen Kanten des Turmes oben ab und sichern seine Statik durch ihr zusätzliches Gewicht auf den Eckpfeilern.

Treppenturm

Treppentürme erkennt man leicht an ihrer großen Anzahl kleiner Fenster, wie hier beim Bishop's Palace in Salisbury (England). Die achteckige Turmform und die diagonal angeordneten oberen Fenster lassen die Steigungskurve der Wendeltreppe im Turminneren erahnen.

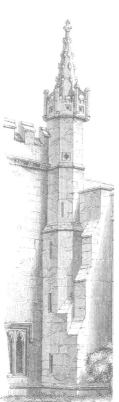

Tourelle

Charakteristisch für den schottischen Baronial Style sind kleine, aus Mauerecken hervorspringende Türmchen, wie hier beim Balmoral Castle in Schottland. Ihr Vorbild waren Tourellen französischer Burgen der Gotik. Man nennt sie wegen ihrer meist runden Form mit dem konischen Dach auch »Pfefferstreuer«-Türmchen.

Türme in der Stadt

Über Jahrhunderte hinweg waren Türme ein wesentlicher Bestandteil städtischer Architektur. Durch ihre zahlreichen Stockwerke waren sie ideal dazu geeignet, zusätzlichen Raum zu schaffen, ohne viel Grundfläche zu benötigen. Sie waren Ausdruck bürgerlichen Stolzes, und private Bauherren zeigten durch den Bau von Türmen ihren Reichtum. In jüngerer Zeit wetteiferten große Firmen und Konzerne im Errichten von immer höheren Wolkenkratzern, um ihre Macht und Finanzkraft zu demonstrieren. Einen Turm auf beengtem Raum in einer Stadt zu bauen, bringt besondere Probleme mit sich, denn er soll nicht nur deutlich über andere Gebäude hinausragen, sondern auch vom Boden aus betrachtet beeindruckend sein.

Art-déco-Turmspitze
Das Chrysler Building (1928–30) in New York spielt mit dem architektonischen Vokabular des gotischen Turmes wie Wasserspeier, Stufung und Turmspitze und übersetzt es in den Art-déco-Stil. Die konzentrischen Bogen mit ihrer Zickzackmusterbekrönung ziehen den Blick des Betrachters nach oben und harmonisieren den Übergang vom rechtwinkligen Gebäude zur sich verjüngenden Spitze.

Städtischer Renaissance-Turm

In der Renaissance überboten sich Kaufleute in Italien im Bau hoher Türme auf ihren Häusern. Auch öffentliche Gebäude bekamen Türme, wie hier der Palazzo Pubblico (Rathaus) in Siena. Die Turmzinnen erinnern an eine Verteidigungsanlage, waren aber nur Zierde, da das Bauwerk insgesamt nicht wehrhaft war.

Gothic-Revival-Rathaus

Der mächtige Turm des Rathauses (1887) von Manchester (England), von Alfred Waterhouse entworfen, beherrscht noch immer das Bild der Stadt Manchester, eine von Englands Handelsmetropolen. Inspiriert von spätmittelalterlichen Rathäusern der Niederlande wurde es im Gothic-Revival-Stil gestaltet.

Früher Wolkenkratzer

Das American Surety Building in New York entstand 1894–96 für eine Versicherung. Turmform und innovative Bauweise versinnbildlichten Stärke und Sicherheit des Unternehmens: auffälliges Gesims, elegante Rustika und säulenartige untere Etagen hoben es optisch von den Bauten in der Umgebung ab.

Turm der Moderne

Das Seagram Building in New York, 1957 von Ludwig Mies van der Rohe und Philip Johnson entworfen, sollte mit seinen reinen Glasflächen und seinem schmucklosen Baukörper enormen Einfluss auf die Gestaltung späterer Wolkenkratzer nehmen.

Einführung

Eine Tür führt in das Innere eines Bauwerks, oder aber sie verwehrt den Zutritt. Art und Anordnung der Türen geben oft Auskunft über den Zweck des Gebäudes. Der Haupteingang zählt zu den wichtigsten Teilen eines Bauwerks und wurde meist reich verziert. Über die Jahrhunderte erfuhren gerade Eingänge markante stilistische Veränderungen und sind daher ein gutes Datierungswerkzeug. Nebeneingänge sind in der Regel kleiner und weniger üppig verziert. Türen und Portale haben oft Stufen bzw. Treppen oder Vorbauten, die nicht nur ein Wetterschutz sind, sondern auch den Blick auf die Tür selbst lenken.

Türhierarchie

Eine Tür sagt vieles über den Raum, den sie verschließt. Oft folgte man unterschiedlichen Stilen, um die Räume in ihrer Wichtigkeit abzustufen. Das Cromwell House (17. Jh.) in London (England) hat in jedem Stockwerk unterschiedliche Türen, wobei die oberen Türen (wohl die der Bedienstetenzimmer) erheblich einfacher gestaltet sind als die unteren.

Fallgatter

Der Hauptzugang zu Burgen ist oft durch Fallgatter geschützt – mächtige Tore aus Holz und Metall, die von oben vor den Eingang gelassen werden konnten. Hier bietet ein Graben, über den eine bewegliche Zugbrücke führt, zusätzlichen Schutz.

Gestaffelte Türen

Anzahl und Position der Türen geben Aufschluss über die Räume dahinter. Die Westfassade von Santa Maria in Cosmedin, Rom (Italien), hat drei Eingänge: Der große in der Mitte führt in das Hauptschiff der Kirche, zwei kleinere Nebentüren in die Seitenschiffe.

Vergrößerter Eingang

Im 16. Jh. betonte der Architekt Andrea Palladio den Eingang zur Kirche Il Redentore in Venedig (Italien), indem er die Zwischenräume der Portalsäulen geringfügig vergrößerte. Statt der für die Gotik so typischen seitlichen Zugänge sieht man hier lediglich statuengeschmückte Nischen.

Narthex

Frühchristliche Basiliken wie Alt-St. Peter (4. Jh.) in Rom (Italien) betrat man durch eine Vorhalle, den Narthex. Während das eigentliche Gotteshaus den Gemeindemitgliedern vorbehalten war, nutzten die Katechumenen – die noch ungetauften Gläubigen – den Narthex.

Griechisch & römisch

Weder bei griechischen noch bei römischen Bauwerken sind Türen ein hervorstechendes Merkmal. Zwar meist unauffällig hinter einem großen Portikus platziert, wurden sie dennoch mit einigen Verzierungen betont. Die Türöffnungen verjüngten sich in der Regel an den Seiten nach innen, vermutlich um die steineren Türsturzenden zu stabilisieren. Zunehmende Erfahrung ließ römische Architekten schließlich geradlinigere Türrahmen konstruieren. Türöffnungen hatten Frieseinfassungen, oft mit Rosetten ornamentiert. Über den Türen gestaltete man von geschwungenen Konsolen getragene Gesimse.

Verborgener Eingang
Sowohl bei Griechen als auch bei Römern fanden Gottesdienste nicht im Tempel selbst statt, sondern auf den Stufen davor. Daher war der Zugang zum Hauptraum, der Cella, kaum sichtbar hinter den Säulen des Portikus verborgen, wie hier beim Bacchustempel in Baalbek (Libanon).

Etruskische Tür

Zwischen dem 8. und dem 4. Jh. v. Chr. lebten die Etrusker in der Nähe von Rom. Sehr charakteristisch für ihre Architektur sind Eingänge mit sich nach oben deutlich verjüngenden Seiten und überhängendem Sturz. Wie hier bei einem etruskischen Grab in Castel d'Asso (Italien) wurden sie aus dem Stein herausgemeißelt und hatten ägyptische Vorbilder.

Turmtür

Der Eingang des Turmes der Winde (1. Jh. v. Chr.) in Athen (Griechenland) hat einen Giebel, der auf kannelierten Säulen in modifiziertem korinthischem Stil ruht. Die Öffnung nach innen ist abgeschrägt, was von der Einfassung nahezu komplett verdeckt wird.

Doppeltüren

Diese Rekonstruktion des Erechtheion auf der Nordseite der Akropolis in Athen (Griechenland) hat mächtige Doppeltüren. Ein Rosettenband bildet ihre Einfassung, darüber befindet sich ein kunstvolles Gesims auf zwei Konsolsteinen. Die Seiten des Türrahmens sind leicht nach innen geneigt.

Bogenförmiger Eingang

Der Eingang der frühchristlichen Basilika (5. Jh.) in Turmanin (Syrien) zitiert die Form römischer Triumphbogen mit einer bogenüberspannten zentralen Öffnung, die von zwei kleineren Bogen flankiert wird. wird. Die eigentliche Tür in der Vorhalle, dem Narthex, hat eine Frieseinfassung mit schwerem Gesims.

Portikus

Ein Portikus ist ein Säulengang oder eine Säulenhalle mit Bedachung – oft auch mit Giebel – vor oder um ein Gebäude. Die Bauform, ein Gebäude mit einem überdachten Raum zu umgeben, ist bereits sehr alt und besonders in heißen Ländern verbreitet. Die Portikusgestaltung griechischer und römischer Tempel war präzise festgelegt, was Säulenanzahl und -position – vor dem Bauwerk oder als Ringhalle, zwischen zwei Mauerzungen etc. – betraf. In späteren Epochen gab es auch der Fassade vorgelagerte, mehr angedeutete als ausgeführte Portiken. Die antiken Gestaltungsregeln wurden speziell in Klassizismus und Historismus wieder aufgenommen.

Hexastylos

Zu den klassischen Portikusformen gehören solche mit acht Frontsäulen (Oktastylos), mit sechs (Hexastylos) oder mit vier (Tetrastylos). Eine gerade Säulenzahl bewirkt eine ungerade Anzahl an Zwischenräumen, sodass ein Freiraum vor einem zentralen Eingang entsteht. Der Portikus der klassizistischen St-Pancras-Kirche (1819–22) in London (England) hat sechs Säulen.

In antis

Ein Portikus *in antis* wird von zwei vorgezogenen Mauerzungen (den Anten) umfasst. Deren Stirnseiten bestehen in kapitellbekrönten Antenpfeilern. Der Portikus des zerstörten Antentempels (ca. 6. Jh. v. Chr.: hier eine Rekonstruktion) im griechischen Rhamnus hatte zwei Säulen.

Peripteros

Darunter versteht man einen Tempel. dessen Cella samt Eingang vollständig von einem einreihigen Säulenkranz umgeben ist: hier der Tempel des Hephaistos in Athen (Griechenland). Einen Tempel mit doppelter Säulenreihe nennt man Dipteros.

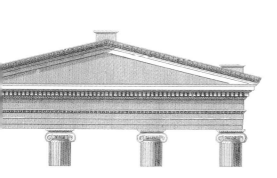

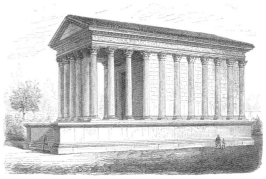

Giebelfeld

Das Giebelfeld ist ein Schlüsselelement des Portikus. Er ruht auf dem säulengetragenen Gebälk und ist der Abschluss des Schräg-dachgiebels. Meist wird sein Dreieck von Zierfriesen eingefasst. Begiebelte Portiken wurden in späteren Epochen oft als großformatiger Bauschmuck verwendet.

Pseudoperipteros

Bei der römischen Maison Carrée (1. Jh. n. Chr.) in Nîmes (Frankreich), einem Pseudoperipteros. sind den Cella-Lang-seiten Säulen vorgeblendet. An der Front vor dem Cella-Eingang hat sie einen tiefen Portikus mit sechs frei stehenden Säulen.

Romanisch

Kirchenarchitektur in der Romanik legte großen Wert auf das Portal. Die Türöffnungen folgten in der Regel der Vorliebe für den Rundbogen, die Einfassungen wurden geschichtet oder gestuft reich verziert. Das Bogenfeld war häufig ein Tympanon mit Skulpturenschmuck. Große Mauerstärken ließen schräg eingeschnittene Portalgewände zu, die variantenreich profiliert wurden. Auch die innere Aufteilung der Kirche in ein Mittelschiff mit Seitenschiffen konnte durch Anordnung und Zahl der Eingänge angezeigt werden. Das Hauptportal war grundsätzlich großen Prozessionen vorbehalten, während die Seiteneingänge bei alltäglicheren Anlässen genutzt wurden.

Stufenportal

Ein Stufenportal wirkt durch seine relativ kleine Türöffnung bei großer Mauerstärke imposant. Die Schlichtheit der Fassade von San Pablo (11. Jh.) in Barcelona (Spanien) betont das reich verzierte Portal zusätzlich. Der Bereich um das Portal wurde aufgemauert, um die Türöffnung tief einlassen zu können. Darüber befindet sich ein skulptiertes Tympanon.

Skulptiertes Portal

Das Westportal der Kathedrale von Santiago de Compostela (Spanien) ist skulpturengeschmückt und hat ein zentrales, von einem Trumeaupfeiler getragenes Tympanon mit Christus als Weltenherrscher. Die Säulen der Türpfosten sind als Figuren gestaltet, ebenso wie die Bogensteine.

Vorspringendes Portal

Das Portal der Kathedrale Saint-Trophime (11. Jh.) in Arles (Frankreich) hat eine Einfassung, die es zu einem flachen Vorbau werden lässt. Vorbild war wohl ein römischer Portikus. Es ist begiebelt, der Bogen darunter ruht auf einem skulptierten, gebälkartigen Fries auf kleinen Säulen.

Säulenportal

In der Romanik wurden Portalseiten gerne auch mit Säulen profiliert. Dieses Portal in Heilsbronn bei Nürnberg hat vier Säulenordnungen, von denen die äußerste als Tau gestaltet ist. Die Türöffnung selbst hat Kleeblattbogenform.

Tympanon

Das Bogenfeld dieses englischen Portals (12. Jh.), das Tympanon, zeigt einen skulptierten und von Engeln flankierten Christus. Die Skulpturen an den Pfosten sind weniger deutlich. Die eine Seite könnte Adam und Eva darstellen, die andere eine Jagdszene.

Gotisch

Die Behandlung von Türen und Portalen unterscheidet sich in der Gotik nur unwesentlich von der romanischen. Schlüsselmerkmal für größere Kirchen blieb ein markantes dreiteiliges Westwerk mit je einem Eingang für Haupt- und Seitenschiffe. Gotische Türen folgten vielen älteren Baustilen und -formen. Besonders verbreitet waren daneben Spitzbogen und detailreiche Profile bzw. Friese, Krabben (Kriechblumen) sowie Blattkapitelle. In der Spätgotik wurden zunehmend auch die Türblätter selbst ornamentiert. Sie boten Raum für dekorative Schnitzereien wie z.B. Blendmaßwerk.

Dreifachportal
Ein dreigeteiltes Portal mit je einer Türöffnung für das Hauptschiff und die beiden Seitenschiffe ist ein Schlüsselmerkmal für gotische Kathedralen wie hier in Reims (Frankreich). Das weit vorspringende Portal bietet viel Raum für gestufte Verzierungen: alle drei Teile sind durch Wimperge (Spitzgiebel)betont.

Vorhalle

Die Vorhalle dieser gotischen Kirche schützte die Gläubigen beim Betreten des Gebäudes vor Wind und Wetter, wurde aber auch als eigenständiger Raum genutzt. In Kirchenvorhallen wurden Hochzeitszeremonien begonnen, Verträge geschlossen und Schulunterricht abgehalten.

Haubentraufe

Die wie eine Haube über die obere Türöffnung geführte Traufleiste dieses Portals (15. Jh.) in England nennt man dort *hood mold* oder auch *drip mold* – sehr beliebt im englischen Spätmittelalter. Ihre Abschlüsse bilden Köpfe. Die Türöffnung selbst hat Tudorbogenform und sitzt in einem viereckigen Rahmen.

Gebändertes Portal

Wie so häufig in der Architektur hängt die Art einer Türeinfassung auch von den verwendeten Materialien ab. Das vergleichsweise einfach wirkende Portal dieses spätgotischen Backsteinhauses besteht aus hellen und dunklen Ziegeln. Es hat keinerlei Skulpturen, da diese in Ziegel nur schwer zu gestalten sind.

Mit Blendmaßwerk gefüllt

Nicht nur die Einfassungen von Türen waren in der Gotik reich geschmückt, auch die Türen selbst wurden oft verziert. Diese Blendmaßwerktafel ist Teil einer Tür im Kloster Blaubeuren (Deutschland). Man erkennt typische spätmittelalterliche Motive wie Vierblatt, Nasen und Ogivenformen.

Renaissance

In der Renaissance hatte die Wiederaufnahme von Formen vor allem der römischen Antike entscheidenden Einfluss auf die Gestaltung von Türen. Diese Antikenrezeption löste den gotischen Baustil ab. Fassaden hatten Tempelfronten zum Vorbild, rechtwinkelige Türlaibungen mit architravartigen durchgehenden Stürzen wurden wieder ebenso beliebt wie von Konsolen getragene Gesimse. Die Türen selbst wurden mit römisch beeinflussten Motiven wie Kassetten verziert. Der römische Rundbogen löste den gotischen Spitzbogen für die Türöffnung ab, ihre Einfassung bestand oft aus markanten Rustikasteinen. In Nordeuropa waren kunstvolle Vorbauten weit verbreitet.

Triumphbogen
Renaissance-Baumeister sagten sich zunehmend von der als maßlos empfundenen Gotik los. Man griff antike Motive z. B. in Form von Kolossalpilastern, Triumphbogen und schweren Giebeln auf und baute sie Fassaden von Kirchen und Palästen vor. Die zentrale Triumphbogenöffnung und die sie flankierenden Kolossalpilaster lassen die Türen von Sant'Andrea (begonnen 1470) in Mantua (Italien) optisch nahezu verschwinden.

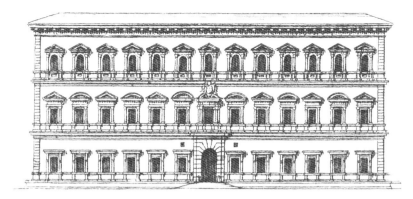

Kassettentür

Diese kassettierte Tür des Palazzo Rucellai
in Florenz (Italien) hat einen rechteckigen
Rahmen mit verziertem Architrav und
markantem Gesims – alles deutlich an
antike Vorbilder angelehnt. Die Fassade
weist über ihre drei Stockwerke eine
dorisch-ionisch-korinthische Pilaster-
gliederung auf.

Rustikaeingang

Die schlichte und massive Einfassung des
Eingangs vom Palazzo Farnese (16. Jh.) in
Rom (Italien) besteht aus Rustikabogen-
steinen. Solche Einfassungen sind keine
wirklichen Kopien klassischer Formen,
machen aber dennoch den Einfluss der
Antike auf die Architekten der Renaissance
deutlich.

Fantasievolle Ornamentierung

Der Eingang vom Rathaus (1595) in
Leiden (Niederlande) gilt als typisches
Beispiel für nordeuropäische Renaissance-
Architektur. Typische
italienische Motive
wie von Säulen
getragenes Gebälk,
Rundbogen und
Nischen werden mit
fantasievollen Orna-
menten verziert, die
französischen Vor-
bildern folgen und
wenig mit den
antiken gemein
haben.

Hoher Vorbau

Der Eingang zu Blickling Hall (England:
1612–27) hat einen hohen, niederländisch
beeinflussten Vorbau mit Fensterbuchten.
Seitlich befinden sich Loggien nach
italienischem Vorbild mit Dekor des
Nordens. Übrigens soll der kopflose Geist
von Anne Boleyn in Blickling Hall spuken.

Barock & Rokoko

Im Hinblick auf Dekoration nehmen neben Fenstern die Türen in der Architektur des Barock und Rokoko eine besondere Stellung ein. Das gängigste Motiv für Türschmuck war der Giebel. Ob bogenförmig oder spitz: Er wurde immer ausgefeilter gearbeitet, beispielsweise als Sprenggiebel, der keine geschlossene Spitze hatte und stattdessen dort eine Skulptur trug. Neuartige Türrahmen wurden immer beliebter, besonders die gebänderte Türeinfassung mit variierendem Mauerwerk. Im Interieur verlor die Tür im Rokoko an Bedeutung, da sie lediglich als ein Element unter vielen innerhalb der Gesamtgestaltung verstanden wurde.

Barockportal
Die Kirche Il Gesù (begonnen 1568) in Rom (Italien) ist ein frühes barockes Beispiel, das später vielfach kopiert wurde. Drei Türen, jeweils eine für Hauptschiff und Seitenschiffe, werden als Einheit innerhalb einer komplexen zweigeschossigen Fassade mit spitzen und bogenförmigen Giebeln und Pilastern auf beiden Ebenen behandelt.

Schachtelsäulen

Geschachtelte Säulen, bei denen jedes zweite Element rechteckig und größer ist, waren ein verbreitetes Mittel im Barock, um Eingänge abwechslungsreicher zu gestalten. Hier sieht man solche Säulen an einem Portal mit markantem Schlusssteinensemble, das nach unten gerutscht zu sein scheint.

Sprenggiebel

Sprenggiebel ließen viele gestalterische Spielarten zu. Diese Innentür im Banqueting House (1622) von Inigo Jones in London (England) hat einen seitlich auskragenden Architrav, über dem ein nicht geschlossener Giebel mit einer zentralen weiblichen Büste auf Konsolen ruht.

Getafelte Tür

Ein Sprenggiebel mit zentraler Kreuzblume gibt dieser Tür aus dem 17. Jh. im Londoner Cromwell House einen prachtvollen Abschluss. Die acht Tafeln werden nach oben hin kleiner, wobei die obersten das den Architrav schmückende Beschlagwerk zitieren.

Atlanten

Türen in Spätbarock und Rokoko sind oft prachtvolle Eingangsportale und vereinen ornamentale Details im Überfluss. Hier tragen Atlanten den Balkon über dem Eingang, dazu kommen weitere mythologische Figuren, zwei getäfelte Türflügel mit Oberlicht, zahlreiche Muscheln und steinerne Draperien.

Klassizistisch

Ein Schlüsselmerkmal klassizistischer Türformen ist der Giebelvorbau, entweder als Portikus im großen Stil oder in der schlichteren Variante lediglich als Türumbauung. Bei der großen Ausführung mit Säulen schwelgte man gerne in üppiger Verzierung wie Konsolgesimsen. Klassizistische Türen waren meist getäfelt – sechstäfelig war die Regel – und oft umgeben von verglasten Öffnungen wie Oberlicht über der Tür und Seitenlicht seitlich daneben. Auch in Innenräumen befanden sich getäfelte Türen, aber diese hatten oft aufwendige Verzierungen aus Gips und anderen zarten Materialien.

Korinthischer Portikus
Ein großer Portikus verleiht einem Bauwerk Erhabenheit und Monumentalität und lässt gleichzeitig antiken Glanz wiedererstrahlen – vor allem in der Hektik einer Großstadt. Der korinthische Portikus der Pariser Börse (frühes 19. Jh.) erstreckt sich über ihre gesamte Breite, die Eingangstür ist dahinter verborgen.

Oberlicht

Das Bogenfenster über einer Tür heißt
Oberlicht. Dieses französische klassizistische Beispiel hat eine zentrale Rosette unter
seiner Bogenwölbung und eine kunstvolle
Schmiedeeisenarbeit: aber auch wesentlich
schlichtere Ausführungen waren üblich.

Begiebelter Vorbau

Diesem Vorbau in Form eines stark
verkleinerten Portikus. zu dem Stufen
führen. setzte man korinthische Säulen an
die Seite. um ihn optisch mit dem Haus zu
verbinden. Weitere Details sind das schwere
Konsolgesims und die sechstäfelige Tür.

Edle Details

Geschützt im Innenraum und damit auch
langlebiger. konnten Verzierungen innen
wesentlich detailreicher ausfallen als

außen. Diese
klassizistische
Innentür wird
bekrönt von
einem umkränz-
ten Bildnisme-
daillon. Seitlich
davon sitzen
Karyatiden.
darüber ein
Gesims mit
Mäanderfries.

Seitenlicht

Ein Seitenlicht ist
ein schmales
Fenster neben
einer Tür. Im
Hunt-Morgan-
Haus (1814) in
Lexington. Ken-
tucky (USA)
kombinierte man
sie mit einem

Oberlicht. Die Anordnung ähnelt einem
Palladio-Motiv. das Oberlicht hier ist aber
breiter als der bogenförmige obere Teil
eines Palladio-Fensters.

19. Jahrhundert

Wie bei anderen Architekturelementen im 19. Jh. wurden auch für Türen viele ältere Stile wiederentdeckt: oft stellten sie ein wichtiges Erkennungsmerkmal der zitierten Richtung dar. Gothic-Revival-Stile waren für Eingangsbereiche besonders beliebt, weil hier Bogenöffnung und Buntglas als Reminiszenz an die Gotik dienen konnten, aber man verwendete auch klassische Elemente. Neue Bauwerkstypen wie Wohnblöcke, Kaufhäuser und Fabriken erforderten ausreichend große Zufahrten und Eingänge für Fahrzeuge und Menschen. Gleichzeitig sollte einem großen Gebäude damit eine gewisse Erhabenheit verliehen werden.

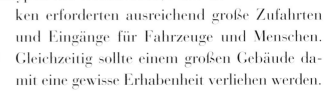

Gothic-Revival-Vorbau
Der Vorbau dieses Fachwerk-Landhauses mit seinen offenen Seiten auf niedrigen Steinmauern ist das Schlüsselmerkmal für seinen Gothic-Revival-Stil, obwohl er eigentlich auf der Form eines Kirchenvorbaus basiert. Der Eingang hat Tudorbogenform, der sich in der Türöffnung, die er verdeckt, widerspiegelt.

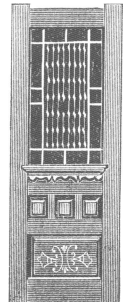

Porte-cochère

Die Porte-cochère. die Toreinfahrt. ist eins
der markantesten Merkmale französischer
Mietshäuser. Über breite Tore gelangten
Fahrzeuge in eine überdachte Durchfahrt.
deren beidseitige Türen in die Häuser
führten. Man kann den Begriff auch für
eine Wagenauffahrt verwenden.

Teilverglaste Tür

Türen mit einem
oberen Glasbereich
und einem unteren
aus Holz waren im
späten 19. und
frühen 20. Jh. in
Mode. sowohl als
Haus- als auch als
Innentüren. um das
Tageslicht besser
auszunutzen. Bei
dieser Tür wurde
Ätzglas eingesetzt:
außerdem war
Buntglas sehr
beliebt.

Unter einem Dach

Diese Türen zweier benachbarter spätvikto-
rianischer Reihenwohnhäuser in London
sind unter Vorbauten. die Wetterschutz
bieten. nach hinten gesetzt. Beide Vorbauten sind über einen von frühgotisch anmutenden Pilastern getragenen Korbbogen
optisch miteinander verbunden.

Art-nouveau-Eingang

Dieser Pariser Ein-
gang. entworfen vom
französischen
Architekten Hector
Guimard (1867–
1942). schöpft die
gestalterischen
Möglichkeiten von
Gusseisen und Glas
für ein äußerst
anmutiges und
schwungvolles Design
aus. Erst die
Entwicklung von
Baumetallen
ermöglichte große
Glasflächen wie diese.

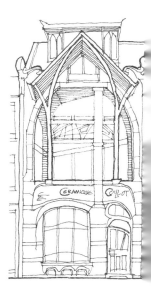

173

Moderne

Die bautechnische Verwandtschaft von griechischem Architravbau und Vorhangfassade – Prinzip Stütze plus Querbalken – hatte zur Folge, dass klassische Portiken zum zentralen Vorbild für Architekten des 20. Jh. wurden. Ähnlich wie der Säulengang der Antike setzte man fortlaufende Kolonnaden ein, um Eingängen in sehr großen Gebäuden ein einheitliches Bild zu geben. Die Entwicklung der Vorhangfassadentechnik und die verbesserte Flachglasherstellung erlaubte schließlich den Bau vollverglaster Fronten sowie gläserner Türen, was zu dem paradoxen Effekt führte, in ein Gebäude hineinsehen zu können, aber nicht unbedingt zu wissen, wo man hineinkommt.

Vollverglaste Front
Das Kaufhaus »Peter Jones« in London gehört zu den ersten Gebäuden mit komplett verglaster Front auf Stahlträgerbasis. Diese Bauweise ermöglichte nicht nur durchgängige Fensterflächen, sondern auch gläserne Türen, um potenzielle Käufer anzuziehen.

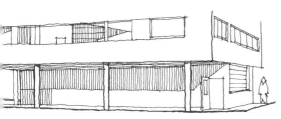

Pfeilerfassade

Den Zugang zur Villa Savoye (entworfen 1928) bei Paris findet man nicht auf den ersten Blick, denn der modernistische Architekt Le Corbusier entwarf ihn nicht für Fußgänger, sondern für Autos. Man befährt das Gebäude über eine spezielle Rampe hinter den Stützpfeilern, die den Wohnwürfel tragen.

Toskanischer Vorbau

Der Vorbau dieses Vorstadthauses (frühes 20. Jh.) ist als Veranda konzipiert. Er hat toskanische Säulen – sehr beliebt für Vorbauten, da sie einerseits an italienische Renaissance-Loggien erinnerten und andererseits einfach und preisgünstig zu fertigen waren.

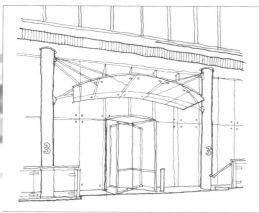

Gläsernes Vordach

Dieses Glasvordach über dem Eingang gliedert die Fassade eines komplett verglasten Bürogebäudes in London. Die gläserne Drehtür mit seitlichen Öffnungsmöglichkeiten für den Feuerwehrzutritt lässt sowohl optische Einsicht als auch physischen Zugriff auf das Gebäudeinnere zu.

Einheitliche Fassade

Inspiriert von altgriechischen Vorbildern, wirken die statischen Stützen der Fassade des Lincoln Center in New York wie ein antiker Säulengang. Wie eine klassische Kolonnade schaffen sie trotz mehrerer Eingänge eine optisch einheitliche Fassade.

Einführung

Das deutsche Wort »Fenster« leitet sich vom lateinischen *fenestra* ab und bedeutet ursprünglich eine Licht- und Lüftungsöffnung im Mauerwerk. Fenster sind ein wichtiges Element eines Bauwerks, da sie nicht nur Licht und Luft ins Innere lassen, sondern auch sein Aussehen entscheidend prägen. Der Stil der Fenster hat sich im Laufe der Zeit stark verändert; daher ist das Erkennen der verschiedenen Fensterstile ein gutes Datierungswerkzeug. Doch dabei muss man Vorsicht walten lassen, da Fenster sehr einfach auszuwechseln sind und auf diesem Weg ältere Gebäude häufig dem jeweiligen Zeitgeschmack angepasst wurden.

Modernisiert
Stilbrüche können auf einen Austausch hinweisen. Die unteren Turmfenster der gotischen Kirche St John the Baptist in Devizes (England) haben Maßwerk im englischen Perpendicular Style, sind aber romanisch eingefasst. Das lässt darauf schließen, dass das Maßwerk später hinzugefügt wurde, um die Fenster stilistisch zu modernisieren.

Schiebefenster

Wahrscheinlich wurde das Schiebefenster vom englischen Wissenschaftler Robert Hooke (1635–1703) erfunden. Es war im 18. und 19. Jh. in England und Amerika sehr beliebt. Die Flügel glitten dabei vertikal übereinander und waren oft durch Holzsprossen unterteilt.

Flügelfenster

Flügelfenster waren schon in Gotik und Renaissance verbreitet und werden noch heute in modernen Gebäuden verbaut. Die Flügel werden an die Seiten, die Ober- oder Unterseite des Fensterstocks oder in dessen Mitte angeschlagen. Diese Fenster hier haben nach außen öffnende Flügel – wie kleine verglaste Türen.

Rahmensteine

Fenster eines Stein- oder Ziegelbaus sind seitlich meist mit breiten und schmalen Steinen oder Ziegeln im Wechsel eingefasst, wie dieses romanische Fenster. Wurde die Fensterscheibe entfernt und die Öffnung zugemauert, blieben solche »Rahmensteine« häufig übrig und gaben so Hinweise auf ein früher vorhandenes Fenster.

Gaube

Fenster, die senkrecht aus dem Gebäudedach herausragen und oft ihr eigenes kleines Dach haben, sorgen für mehr Raum, ohne dass dafür das gesamte Dach angehoben wird. Diese amerikanische Gaube aus dem 18. Jh. hat ein Palladio-Schiebefenster, aber genauso üblich waren Flügelfenster.

Griechisch & römisch

Wie die übrigen Bauwerksteile sind auch griechische und römische Fenster im Architravbausystem (Stütze und Sturz) konstruiert und rechteckig. Die Einfassungen sind meist nach innen gewinkelt, um den Sturz besser zu stützen und dem Fenster eine schöne Form zu geben. Einige antike Bauten, etwa Tempel, hatten nur wenige Fenster, waren aber mit Nischen geschmückt. Sie boten Raum für Statuen und waren in der Regel mit einem kleinen Giebel bekrönt.

Fensterloser Bau
Die meisten griechischen und römischen Tempel – hier Maison Carrée in Nîmes (Frankreich) – hatten keine Fenster in der Cella, dem Hauptraum mit dem Götterbild. Für klassizistische Architekten gestaltete sich die Adaption der Tempelform daher problematisch.

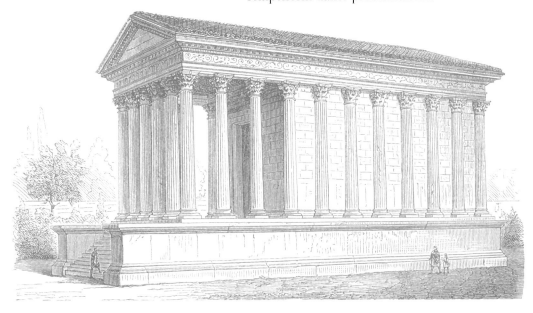

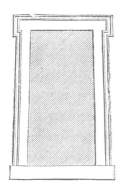

Vitruv-Fenster

Gemeint ist damit ein Fenster, das sich nach oben hin verjüngt und eine sehr schlichte Einfassung mit kleinen Ohren oben hat, wie hier im Erechtheion im griechischen Athen. Fenster dieser Art wurden zu einem wichtigen Merkmal des Klassizismus.

Tivoli-Fenster

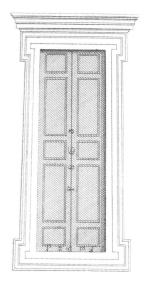

Dieses Fenster im römischen Vestatempel (um 80 v. Chr.) bei Tivoli ist denen im Erechtheion in Athen sehr ähnlich, hat aber oben und unten Ohren. Von Andrea Palladio wiederentdeckt, wurde das Tivoli-Fenster zu einer wichtigen Form in Renaissance, Barock und Klassizismus.

Nische

Viele römische Bauwerke hatten zusätzlich zu Fenstern – oder stattdessen – fensterartige Nischen, die Statuen enthielten oder nur Schmuck waren. Die Nischen des Pantheons in Rom haben im Erdgeschoss dreieckige und bogenförmige Giebel und einfache Gesimse im oberen Bereich.

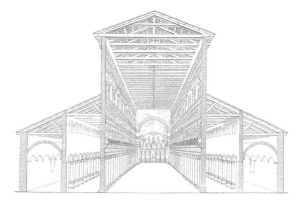

Mehr Licht!

Das Christentum legte Wert darauf, dass Gläubige in der Messe alles sehen konnten. Daher waren frühchristliche Kirchen besser beleuchtet als die älteren Tempel. Alt-St. Peter in Rom hatte Fenster in der Apsis, im Seitenschiff und oben im Lichtgaden, um genügend Licht ins Mittelschiff zu bringen.

Romanisch

Romanischer Fenstergestaltung lag der Rundbogen zugrunde. Statische Bedenken hatten zur Folge, dass die
meisten Fenster dieser Epoche eher klein waren und entweder einzeln oder in kleinen Gruppierungen auftraten.
In der Frühgotik wurde der Spitzbogen entwickelt, die
Baumeister bekamen mehr Vertrauen in die Statik des
Steinbaus – die Fenster konnten größer und höher werden. Diese frühgotischen Fenster waren hohe, schlanke
Lanzetten und wurden bald in Gruppen und unterschiedlichen Größen erbaut – das Fenster war auf dem Weg
zum kunstvollen Maßwerk im 13. Jh.

Breite Rundbogenfenster
Der Wormser Dom (spätes 12. Jh.) hat
einen typisch romanischen Aufriss mit
breiten Rundbogenfenstern ohne Maßwerk.
Das Querhaus hat ein Ensemble aus drei
Fenstern, die ebenfalls recht breit sind, um
die Stabilität der strebewerklosen Wand
nicht zu gefährden.

Zickzackschmuck

Dieses Fenster in St Cross im englischen Winchester ist innen mit zwei Säulchen und einem bogenförmigen Zickzackprofil verziert. Dank tiefem Gewände fällt trotz kleiner Fensteröffnung viel Licht ins Gebäudeinnere.

Lanzettfenster

Dieses hohe, schmale und mit einem überhöhten Spitzbogen überwölbte Fenster nennt man Lanzettfenster. Seine Form erinnert an eine Lanzenspitze. Solche Fenster sind typisch für frühgotische Architektur im England des späten 12. und frühen 13. Jh.s vor der Entwicklung des Maßwerks.

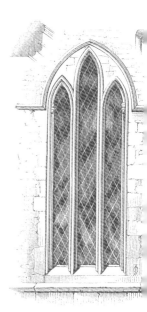

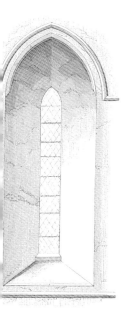

Gewändefenster

Fenster können schräg in die Wand geschnitten sein, um mehr Licht in ein Bauwerk zu lassen. Gewändefenster waren in Romanik und Frühgotik weit verbreitet, als Fensteröffnungen noch sehr klein waren. Der Gewändewinkel hatte natürlich Einfluss auf die Lichtführung im Gebäudeinneren.

Drillingsfenster

Diese Fenstergruppe aus dem frühen 13. Jh. besteht aus drei gespitzten Dreipassbogen. Der mittlere ist höher als die beiden anderen. Solche Drillingsfenster – es gab auch Fünfergruppen – sind ein früher Fingerzeig auf die Maßwerkentwicklung, da sie bereits die Menge an Stein zwischen den Fensteröffnungen reduzierten.

Gotisch

Spitzbogen, Buntglas und Maßwerk sind typisch für gotische Fenster. Im frühen 13. Jh. kam das Plattenmaßwerk
auf, bei dem die Öffnungen in die Wandoberfläche
gestanzt erschienen, aber bald erkannten die Baumeister,
dass sich durch Verwendung von sich durchkreuzenden
Bogen und Rundungen zartere Steinmuster gestalten ließen. Das frühe Maßwerk griff auf geometrische Formen
wie Bogen, Kreise und Dreipass zurück, während im
14. Jh. die Einführung der umgedreht s-förmigen Ogive
zu komplexeren und gewundeneren Mustern führte. Ergänzt wurde das Maßwerk durch dekoratives Buntglas.

**Stabmaßwerk-
Fensterrose**
Diese Fensterrose hat
Stabmaßwerk, das ab
Mitte des 13. Jh.s das
bis dahin typische
Plattenmaßwerk
ablöste. Es ermöglichte
kunstvolle Muster und
wirkte nicht mehr wie
eine duchstanzte Stein-
platte, sondern wie ein
filigraneres geschwun-
genes Steingitter. Glas
dominierte also den
Stein im Fenster-
bereich.

Plattenmaßwerk

Ein Plattenmaßwerkfenster scheint durch eine Steinplatte gestanzte Muster zu haben. Diese Plattenmaßwerkrose der Kathedrale von Chartres (Frankreich) hat einen von Vierpässen umkränzten Vielpass oberhalb von zwei Lanzettfenstern. Das Ergebnis ist ein attraktives Gesamtarrangement aus mehreren Einzelfenstern.

Buntglas

Buntglasfenster wie hier im französischen Auxerre (13. Jh.) sind aus kleinen Stückchen unterschiedlich gefärbtem Glas gefertigt, die von Streifen aus Blei, sogenannten Bleiruten, zusammengehalten werden. Sie sind typisch für die Gotik und zeigen gewöhnlich Wunderdarstellungen, Heilige und geometrische Muster.

Netzartiges Maßwerk

Die kielbogenförmigen Ogiven in diesem englischen Fenster aus dem Mönchskloster in Reading erzeugen ein netzartiges Muster (»Reticulated Style«). Solches Maßwerk war besonders im 14. Jh. beliebt.

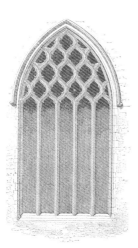

Lukarne

In der Gotik wurden Kirchturmspitzen häufig mit kleinen Gauben verziert, sogenannten Lukarnen; hier ein Beispiel aus Wilby (England; um 1400). Hauptsächlich dienten Lukarne der Dekoration, aber auch der Belüftung der Turmspitze – und dem Lichteinlass für etwaige Reparaturarbeiten.

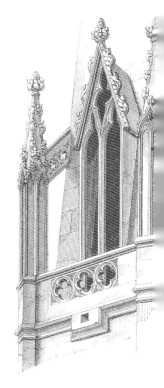

Spätgotisch

In der Spätgotik wurde Fenstermaßwerk durch komplexe und fließende Ogivenbogen immer kunstvoller. Insbesondere in England wurde Ogivenmaßwerk häufig mit vertikalem Stabwerk und horizontalen Querriegeln zu einem Gitter kombiniert. In Italien hatte die Renaissance bereits im 15. Jh. begonnen, doch in Nordeuropa behauptete sich die Gotik bis ins 16. Jh. Dennoch hielten auch dort Renaissance-Motive Einzug und vermischten sich mit gotischen Formen, sodass ein Stil entstand, der zwar nicht mehr rein gotisch, aber auch noch nicht der Renaissance zugehörig war. Dazu zählten schlichtere, von der Renaissance beeinflusste Maßwerkformen mit wenigen oder gar keinen Verschnörkelungen.

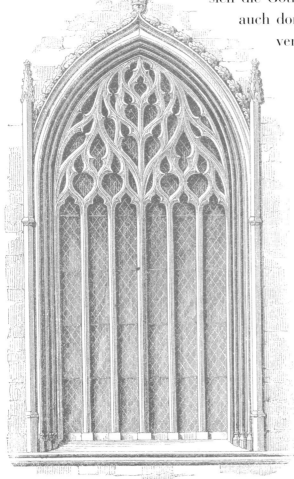

Flammendes Maßwerk
In der Spätgotik wurden Ogivenbogen eingesetzt, um komplexe fließende Muster zu schaffen, wie hier in einem Fenster der Kirche Saint-Saveur (um 1450) in Dinan (Frankreich). Diesen »flammenden« Stil, der sich speziell durch tränen- oder flammenförmige Muster auszeichnet, nennt man Flamboyant-Stil.

Gittermaßwerk

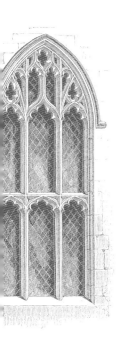

Im England der Spätgotik herrschte der Perpendicular Style, der die Lotgerade betonte. Das Maßwerk bildete durch senkrechte Stäbe und waagerechte Querriegel, die im Lot zueinander standen, die so stiltypischen Fenstervergitterungen.

Haubentraufe

Dieses englische Fenster (frühes 16. Jh.) hat einen rechteckigen Rahmen, der zwei Reihen Tudorbogen umschließt und in der Mitte durch einen Querriegel geteilt ist. Über dem Fenster sitzt eine Traufe: ein vorspringendes Profil mit verzierten Enden, das Regenwasser vom Fenster wegleitet.

Maßwerk ohne Nasen

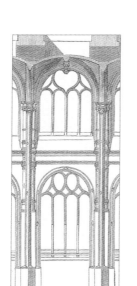

Die Frührenaissance in Nordeuropa verzichtete zunehmend auf ältere Formen zugunsten älterer Motive wie etwa dem Rundbogen. Die Rundbogenfenster von Saint-Eustache (begonnen 1532) in Paris (Frankreich) haben oben nasenloses Ogivenmaßwerk, das fließt, ohne verschnörkelt zu wirken.

Mix aus Renaissance und Gotik

Bei diesem Fenster von Saint-Laurent (frühes 16. Jh.) in Nogent-sur-Seine (Frankreich) vermischen sich Formen der Gotik und Renaissance. Die Anmutung des Fensters ist nach wie vor gotisch – etwa durch die hohen Stäbe –, aber der Rahmen wurde sichtlich von der Renaissance beeinflusst.

Renaissance

In Italien waren in der Frührenaissance die Fenster oft als sogenannte Biforienfenster zweigeteilt, mit zwei Rundbogenöffnungen in einer größeren Öffnung – eine eigentlich noch der Gotik verhaftete Form. Mehr und mehr dominierten aber antike Formen, einschließlich Giebel, Gesims, Säulen und Pilaster. Fenster in Form römischer Bogen unter Gebälk waren genauso populär. Im Laufe der Renaissance wurden Fenster immer mehr zu Rechtecken, die man mit Ziergiebeln – rund oder dreieckig – bekrönte. In Nordeuropa waren noch immer senkrechter Stab und waagerechter Querriegel modern, aber auch hier setzten sich schließlich Rechteckform und Fensterbegiebelung durch.

Giebelvielfalt
Am östlichen Ende des Petersdoms in Rom (Italien) sorgt eine Kombination aus hohen rechteckigen Fenstern und Rundnischen, beides giebelbekrönt, für Aufmerksamkeit und Abwechslung. Die Lichtgadenfenster sind Querrechtecke und haben Gesimse auf verzierten Konsolen.

Bogenförmig

Die Fenster der Scuola Grande di San Marco (spätes 15. Jh.) in Venedig (Italien) haben die Form römischer Bogen. Sie sitzen zwischen gebälktragenden Pilastern und sind mit Segment- oder Dreiecksgiebeln bekrönt. Das Überwiegen des Rundbogens – auch in den Nischen – und die Antikenzitate zeigen die zunehmende Abkehr von der Gotik.

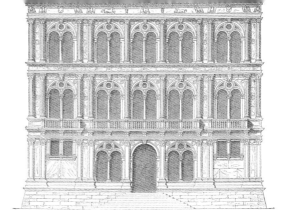

Biforienfenster

Dieser venezianische Palazzo (frühes 16. Jh.) hat zweiteilige Biforienfenster. Ein großer Rundbogen umfasst zwei kleinere Rundbogenfenster, die von einer Rosette bekrönt werden. Auch als venezianisches Fenster bekannt, war diese Form sowohl in Italien als auch in Nordeuropa sehr beliebt.

Stab und Querriegel

Im späten 16. Jh. waren Fenster meist rechteckig; durch senkrechte Stäbe und waagerechte Querriegel entstanden mehrere Scheibenfelder. Renaissance-Herrenhäuser wie hier Longleat (um 1570) in England hatten oft viele große Fenster, um den Wohlstand des Eigentümers zu demonstrieren.

Erkerfenster

Hohe Erker mit Fenstern, die die Fassade akzentuieren und die Form benachbarter Türme zitieren, waren typisch für Paläste und große Häuser der Renaissance. Schloss Frederiksborg (16./17. Jh.: Dänemark) hat runde Erker an den Giebelwänden und eckige an der Hauptfassade.

Barock & Rokoko

Barocke Fenster beruhten wie andere Architekturelemente auch auf Formen der Renaissance, waren aber wesentlich ausgefeilter und variantenreicher, vor allem durch üppige Schwünge. Giebel wurden zum Schlüsselmerkmal; man entwickelte neue Formen wie den Sprenggiebel, der an Spitze oder Basis nicht geschlossen war. In Spätbarock und Rokoko wurden Giebel sehr verschnörkelt. Neue Fensterformen wie das ovale Ochsenauge *(oeil-de-boeuf)* kamen ebenso auf wie neue Rahmentypen, etwa aus Rustika oder gebändertem Mauerwerk, oft mit großen und markanten Schlusssteinen.

Barocke Kombinationen
An den Fenstern der Kollegienkirche im österreichischen Salzburg kann man Vielfalt und Einfallsreichtum des Spätbarocks erkennen. Die Fenster der Hauptapsis und der Türme sind eine Mischung aus Rundbogen mit markanten Schlusssteinen und komplexen Giebeln. Im Lichtgaden des Mittelschiffs und in der Kuppel finden sich ovale Fenster.

Gesprengte Giebelbasis

Diese Fensterbekrönung am Hôtel de Vogüé (16. Jh.) in Dijon (Frankreich) hat einen Giebel mit gesprengter Basis: der untere Giebelteil ist also nicht geschlossen. Das bietet Raum für reichen und kunstvollen Schmuck: eine Frauenbüste zwischen Girlanden.

Ochsenauge

Ovale oder kreisrunde Fenster waren im Barock beliebt und heißen Oeil-de-boeuf, Ochsenauge oder Oculus. Sie sind oft von einem schmückenden Rahmen umgeben und wurden gerne als Giebel-, Gauben- und Dachfenster verwendet, wo dem Bauwerk durch ihre ungewöhnliche Form zusätzlicher optischer Reiz verliehen wurde.

»Verrutschte« Schlusssteine

Dieses Fenster hat drei überdimensionierte Schlusssteine, deren untere Enden in die Fensteröffnung ragen und wie verrutscht wirken: ein Arrangement, das im Barock beliebt war, hier an einem Fenster in Rustikamauerwerk.

Fenstertür

Französische Fenster sind bis auf den Boden reichende Flügelfenster, die sich wie Türen auf Terrassen oder Balkone öffnen. Sie waren für Gebäude der französischen Renaissance- und Barockzeit wie dem Palais Royale in Paris sehr gebräuchlich und wurden jetzt auch für einfachere Häuser üblich.

Palladianisch

Die Werke des italienischen Renaissance-Architekten Andrea Palladio (1508–80) waren äußerst einflussreich im 18. Jh. Nirgendwo war dies offensichtlicher als bei der Fenstergestaltung. Stile, die zuerst von Palladio häufig in seinen Entwürfen genutzt worden waren, avancierten zu Schlüsselmerkmalen der klassizistischen Architektur im 18. und 19. Jh. Das nach ihm benannte Palladio-Fenster – auch als venezianisches Fenster oder Serliana bekannt – hat zwei rechteckige Fenster, die ein größeres Rundbogenfenster flankieren. Palladio benutzte auch das Diokletian-Fenster: ein halbkreisförmiges Fenster, das häufig in Giebeln oder Lichtgaden auftaucht.

Palladianischer Mix
Am Burlington House (frühes 18. Jh.) in London finden sich alle Hauptformen palladianischer und klassizistischer Fenster: Das Erdgeschoss hat Rustikarahmung mit »verrutschten« Schlusssteinen; die Gebäudeseiten haben Palladio-Fenster, im Mittelbau sind Spitz- und Rundgiebel im Wechsel zu sehen.

Palladio-Fenster

Das von Andrea Palladio in die Architektur
eingeführte Pallado-Fenster – auch venezianisches Fenster oder Serliana – war im
Klassizismus weit verbreitet. Es besteht aus
einem großen Rundbogenfenster, das von
zwei kleineren rechteckigen mit Säulen und
Gebälk flankiert wird. In dieser Art wurden
auch Türen gestaltet.

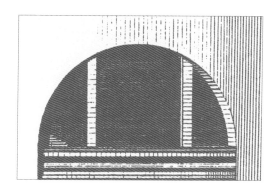

Diokletian-Fenster

Ein halbkreisförmiges, meist durch Senk-
rechtstäbe dreigeteiltes Fenster nennt man
Diokletian- oder Thermenfenster. Zurück-
gehend auf die antiken Diokletiansthermen
(Rom: frühes 4. Jh.), wurde es meist für die
Gestaltung von klassizistischen Giebelfens-
tern und anderen Oberlichten benutzt.

Der Einfluss Palladios

Palladios Werke beeinflussten maßgebend
die Gestaltung von Wohnhäusern im
18. Jh., was in England zum Georgianischen, in Amerika zum Kolonialstil führte.
Nicht nur seine rechteckige Schachtel-
grundrisse und Walmdächer waren populär,
sondern auch Palladio-Fenster – hier im
Erdgeschoss – und Giebel.

Rustikarahmen

Die Fenster dieses Londoner Hauses (frühes
18. Jh.) sitzen in Rustikaarkaden. Das
Erdgeschoss hat schlichte Arkaden, das
Obergeschoss zusätzlich Gebälk auf
Pilastern. Die Fenster selbst könnten
Schiebefenster sein: man kann sie hier aber
nicht erkennen.

Klassizistisch

Der Klassizismus im späten 18. und frühen 19. Jh. setzte zunehmend auf antike griechische statt römische Formen, die Renaissance, Barock und Palladianismus dominiert hatten. Insbesondere Portikus und Kolonnade wurden zu Schlüsselmerkmalen. Dies war aber oft problematisch, denn griechische Tempel waren fensterlos: daher mussten sich klassizistische Architekten besonders anstrengen, um diese Tatsache mit dem Lichtbedarf zeitgenössischer Innenräume in Einklang zu bringen. Das rechteckige Schiebefenster wurde zur vorherrschenden Fensterform in verschiedenen Größen, um optisch gefällige Fassadenproportionen zu schaffen.

Verglaste Kolonnaden
Der berühmte Architekt Karl Friedrich Schinkel zeigte mit seinem Schauspielhaus (1818–21) in Berlin, wie sich die klassische, meist fensterlose Tempelform auch auf ein Bauwerk anwenden ließ, das viele Fenster erforderte. Seine Lösung waren verglaste Kolonnaden an den Gebäudeseiten.

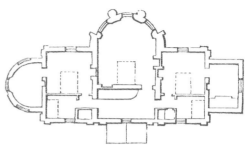

Schiebefenster

Das abgerissene Apthorpe House (erbaut 1762) in New York hatte im Erdgeschoss rechteckige begiebelte Schiebefenster und kleinere, quadratische Schiebefenster in Obergeschoss und Mansarde. Die Fenstergröße war Lage und Zweck der Innenräume angepasst: daher waren die oberen Fenster kleiner.

Runderker

Runde Fensterbuchten waren im späten 18. und frühen 19. Jh. besonders populär, verliehen sie doch einem Haus ein ausgesprochen elegantes Außenprofil. Manchmal wurde ihre Rundung auch innen gespiegelt, um einen ovalen Raum zu schaffen.

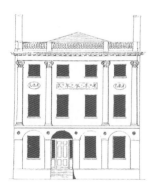

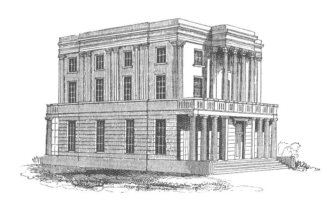

Klassizistische Motive

Dieses Haus (um 1800) in Salem, Massachusetts (USA), ist vom Stil des schottischen Architekten Robert Adam (18. Jh.) geprägt und zeigt typisch klassizistische Motive. Die Fenster unten sitzen in einer Blendarkade, die darüber sind pilastergerahmt. Die kleinen quadratischen Fenster im Obergeschoss sind ebenfalls zeittypisch.

Klassizistische Villa

Diese englische Villa (19. Jh.) ist quasi als Tempel verkleidet: die Schiebefenster verraten aber ihr wahres Dasein als Wohnhaus. Der Portikus beschränkt sich häufig auf die Frontfassade: durch die Fenster der übrigen Gebäudeseiten konnte also genug Licht ins Innere gelangen.

Viktorianisch

Das Viktorianische Zeitalter war geprägt vom Wiederaufleben und der Vermischung unterschiedlicher älterer Stile. Das Schiebefenster blieb die Hauptform. wenn auch in neuen Varianten – beispielsweise als Gothic-Revival-Fenster spitzbogenförmig. im Queen-Anne-Stil mit verschiedenen Sprosseneinteilungen. Auch Erkerfenster waren sehr beliebt: in der Mitte des 19. Jh.s in Winkel- oder Schrägerkern. im späten 19. und frühen 20. Jh. vermehrt in weniger ausladenden. quadratischen Erkern.

Reihenerker
Erkerfenster waren bei städtischen Reihenhäusern bzw. den typisch englischen *terraces* populär. da sie dem oft recht schmalen Einzelhaus mehr Licht verschafften. ohne dabei viel Raum zu beanspruchen. Außerdem verliehen sie den sehr langen und tendenziell eintönigen Fassadenreihen eine gefälligere Optik.

Außenverblendung

Rahmen wie diesen findet man oft vor Fenstern im 18. und 19. Jh. Sie sind ein dekorativer Außenquerbehang aus Holz und boten eine Befestigungsmöglichkeit für Sonnenblenden etwa aus Textil. was damals sehr in Mode war.

Schiebefenster im Stil der Gotik

In der Gothic-Revival-Zeit baute man auch Schiebefenster in diesem Stil: hier Beispiele für spitzbogige und kielbogenförmige Fenster mit haubenartigen Traufleisten. kombiniert mit traditionellen Schiebefenstern. Solche Fenster entsprachen dem Zeitgeschmack. ohne eine grundlegende Änderung der Konstruktion zu erfordern.

Erker im Queen-Anne-Stil

Fenster mit geometrischen Mustern aus kleinen quadratischen und rechteckigen Scheiben. vor allem im oberen Bereich. sind ein Schlüsselmerkmal des englischen Queen-Anne-Stils im späten 19. Jh.. der nichts mit dem Stil im frühen 18. Jh. zu Lebzeiten von Queen Anne zu tun hat.

Schiebefenster mit großen Flügeln

Seit Mitte des 19. Jh.s – und bis heute – verwendet man solche Schiebefenster wie hier. die aus einer einzigen sprossenlosen Fensterscheibe bestehen. Solch große Glasflächen waren damals durch die technische Weiterentwicklung der Glasherstellung möglich geworden.

Gewerblich

Das moderne Schaufenster mit seinen großen Glasflächen ist eine neuere Erfindung. Zwar gab es schon in der griechischen Antike Läden und »Einkaufszentren« in den sogenannten Stoae; diese bestanden aber eigentlich aus Marktständen mit dahinter liegenden abgeschlossenen Räumen. In mittelalterlichen Städten entstanden die ersten wirklichen Ladenlokale, die mit Fensterläden zu verschließen waren. Erst technologische Verbesserungen in der Glasherstellung im 18. Jh. führten zur Entwicklung verglaster Ladenfronten. Die Einführung des Flachglases und der Vorhangfassade im späteren 19. und im 20. Jh. ermöglichte schließlich die Konstruktion vollverglaster Schaufensterflächen.

Ladenfenster im Mittelalter
Im Mittelalter waren Ladenfenster nicht verglast, sondern mit Fensterläden versehen, wie dieses spätmittelalterliche Beispiel aus Frankreich zeigt. Die Läden konnte man nach oben und unten aufklappen und hatte so eine Überdachung und einen Ladentisch. Abends wurden sie geschlossen und boten so Schutz vor Dieben.

Schaufensterbuchten

Diese bogenförmig ausgebuchteten englischen Schaufenster sind ein seltenes Überbleibsel eines im 18. Jh. verbreiteten Schaufenstertyps. Gebogene, von Sprossen gehaltene Glasscheiben waren durch verbesserte Herstellungsverfahren möglich geworden. Unter den Schaufenstern befinden sich stabile Sockel aus Holz.

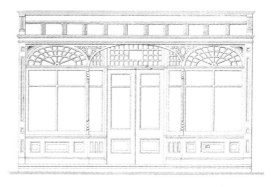

Ladenfront im Queen-Anne-Stil

Diese typische Ladenfront aus dem späten 19. Jh. hat eine zentrale Tür; die großen Flachglasschaufenster werden von einem soliden Fenstersockel gestützt. Im oberen Bereich findet sich eine typische Verzierung im Queen-Anne-Stil, die hoch genug ist, um die Sicht auf die Auslage nicht zu beeinträchtigen.

Geteilte Schaufenster

Die sehr großen Erdgeschossfenster der Egyptian Halls (1873) im schottischen Glasgow wurden durch ein gusseisernes Fassadenskelett möglich, auch wenn die Verglasung selbst von Holzrahmen getragen wird und sich zwischen den einzelnen Schaufenstersektionen Stützpfosten befinden.

Durchgehendes Schaufenster

Die Schaufenster des Kaufhauses »Peter Jones« (1932–36) in London (England) sind vollverglast ohne strukturelle Unterteilungen. Dies wurde möglich durch den Einsatz eines enormen Stahlträgers oberhalb der Glasfassade – eine der ersten Konstruktionen dieser Art.

Moderne

Die Architektur im 20. Jh. verzichtet weitgehend auf Verzierungen. Moderne Fenster sind meist einfache verglaste Öffnungen ohne Schmuckrahmen, im Vordergrund steht schlichte Funktionalität. Sie tauchen in den verschiedensten Größen auf. Die Verfügbarkeit großer Flachglasscheiben und der bautechnische Fortschritt – z.B. Stahlträger mit großer Spannweite oder die Vorhangfassade – machten enorme ungeteilte Fensterflächen und vollverglaste Außenwände möglich. Trotzdem werden auch heute noch für kleinere Gebäude wie Einfamilienhäuser ältere Fenstertypen wie Schiebefenster verwendet, obwohl sie für Großbauten längst aus der Mode gekommen sind.

Hohlraummuster
Die Fenster der Highpoint-Wohnblöcke (1935) in London haben keinerlei Verzierungen, bilden aber ein Muster aus Hohlräumen in der schlichten Hauswand – ein typisches Arrangement moderner Architektur. Sowohl die Balkone als auch die unterschiedlichen Größen der flächigen Panorama- und kleineren Flügelfenster sind Teil eines ganz eigenen optischen Effekts.

Fensterband

Diese Fenster sind erheblich breiter als hoch und heißen Fensterband. Sie wurden durch neue Konstruktionstechniken im 20. Jh. möglich, wie etwa den Einsatz von Stahlträgern, die schwere Lasten auch ohne senkrechte Zwischenstützen tragen können.

Chörlein

Darunter versteht man einen Erker mit Fenstern, der im ersten Obergeschoss aus einer Hauswand tritt. Ursprünglich typisch gotisch, wurden Chörlein im späten 19. und im 20. Jh. wiederentdeckt. Bei diesem Haus (um 1930) hat das Chörlein Schiebefenster.

Verglaste Vorhangfassade

Eine der charakteristischsten Neuerungen im 20. Jh. sind Bauten, die nur aus Glas zu bestehen scheinen, wie die berühmte Bauhausschule in Dessau. Man kann hier die innere Baustruktur erkennen, die Fenster bestehen in der äußeren Vorhangfassade aus Glas.

Versiegelte Fenster

Wie hier beim Seagram Building in New York (USA) ist moderne Technologie für das Fensterdesign im späteren 20. Jh. entscheidend. Die Fensterwände vieler Gebäude lassen sich nicht öffnen und machen Klimaanlagen erforderlich. Obwohl optisch beeindruckend, ist dies ökologisch zweifelhaft, da Klimatisierung weit mehr Energie verbraucht als das simple Fensteröffnen per Hand.

Einführung

Grundsätzlich dienen Treppen einfach dazu, uns in einem Gebäude von einem Stockwerk ins andere zu bringen, aber tatsächlich sind sie von fundamentaler Bedeutung für die Gestaltung von Bauwerken. Sie können ihnen innen oder außen Dramatik und Erhabenheit verleihen, zum Eintreten einladen oder den Zugang zu einem anderen Stockwerk erschweren. Die Gestaltung von Treppen hat sich mit der Zeit verändert, was sie zu einem guten Datierungswerkzeug macht; Positionierung und Art eines Treppenhauses können helfen zu verstehen, welchem Zweck ein Bauwerk dienen sollte.

Unterbau
Ein mit Stufen versehener Unterbau verlieh den griechischen Tempeln Erhabenheit, wie diesem aus dem 6./5. Jh. v. Chr. im italienischen Paestum, und bildete eine stabile Basis für die Säulen. Die oberste Stufe, auf der die Säulen ruhten, bezeichnet man als Stylobat.

Wendeltreppe

Die Wendel- oder Spindeltreppe, die sich um einen Pfeiler oder eine Spindel windet, war die gebräuchlichste Treppe im Mittelalter. Sie wurde aus Holz oder wie hier aus Stein gebaut und war in Burgen sehr beliebt, weil ihr begrenzter Raum und ihre eingeschränkte Einsehbarkeit sie einfach zu verteidigen machte.

Schachttreppe

In der Renaissence nahm die Schachttreppe den Platz der Wendeltreppe ein; hier ein Beispiel aus dem Knole House (um 1605) in Kent (England). Sie steigt in kurzen, geraden Läufen um einen offenen Schacht nach oben. Die Pfosten an den Ecken sind oft reich verziert.

Eingangstreppe

An der von Andrea Palladio entworfenen Kirche Il Redentore (begonnen 1577) in Venedig (Italien) verleiht eine breite Treppenflucht dem Eingang eine gewisse Dramatik. Die Pilaster vermitteln den Eindruck, dass sich die Stufen zum Eingang hin verengen, um die Gläubigen regelrecht nach innen zu ziehen.

Gerader Lauf

In der klassizistischen und Viktorianischen Zeit kamen lange, gerade Treppen in Mode, ebenso elegant geschwungene Kurven, vor allem beim Handlauf. Dieses Beispiel aus dem 18. Jh. hat nach dem Podest einen langen geraden Lauf, der Handlauf endet in einer anmutigen Kurve um den unteren Treppenpfosten herum.

Bauweisen

Die Treppe unterscheidet sich von einer Leiter durch Tiefe und Höhe – die Tiefe macht eine Treppe leichter zu begehen als eine Leiter. Es ist möglich, den ganzen Fuß auf die Stufen zu setzen; auch eine Vorwärts- und Aufwärtsbewegung ist einfacher, als nur gerade nach oben zu klettern. Treppenteile sind vor allem darauf ausgerichtet, das Hinaufsteigen zu erleichtern. Basis sind horizontale Tritt- und vertikale Setzstufen; sie werden seitlich von Treppenwangen gehalten. Das Geländer trägt den Handlauf und bewahrt uns vor dem Herabfallen.

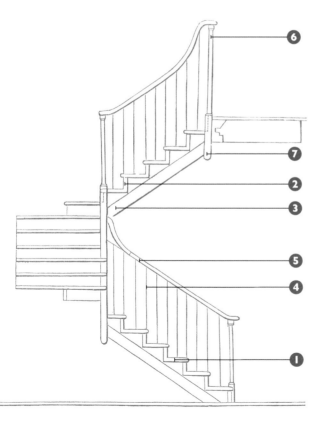

Bauteile einer Treppe
Diese Abbildung zeigt die wichtigsten Teile einer Treppe: Trittstufen (1), Setzstufen (2), Treppenwangen (3) an der Seite, Geländer (4), Handlauf (5) und Treppenpfosten (6). Oberer und mittlerer Pfosten sind unten mit einem Abhängling verziert (7).

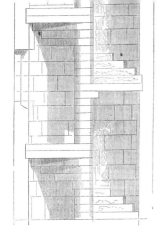

Aufbau einer Wendeltreppe

Dieser Schnitt einer Wendeltreppe zeigt die Anordnung der Trittstufen. Jede Stufe ist aus einem Steinblock gehauen. die inneren Enden bilden gleichzeitig den zentralen Pfosten. der das Gewicht der Stufen trägt. Die äußeren Stufenenden sind in der Wand verankert.

Alternierende Trittstufen

Die Anzahl der Trittstufen ergibt die Höhe einer Treppe. Wenn sehr wenig Raum vorhanden ist und man eine steilere Treppe benötigt. können die Stufen wie hier wechselweise gesetzt werden. Dies ergibt in der Höhe doppelt so viele Trittstufen. deren geringere Tiefe jedoch das Treppensteigen erschwert.

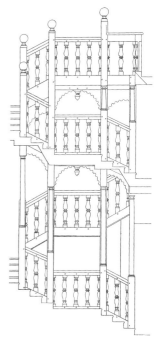

Schachttreppe

Eine Schachttreppe zieht sich wie hier um eine zentrale Öffnung. einen Schacht herum. Die Stufen bilden kurze Läufe. unterbrochen durch rechtwinklige Absätze. Die Treppenpfosten fungieren als Hauptstützen; die Treppe ist fest in der Mauer verankert.

Wangenlose Treppe

Seinen Namen verdankt dieser weitverbreitete Treppentyp der Tatsache. dass man die Enden der Tritt- und die Seiten der Setzstufen sehen kann. Im Gegensatz dazu sind diese bei der Wangentreppe durch eine diagonal ansteigende Wange verdeckt.

Mittelalter

Treppen waren ein wichtiger Teil der Gestaltung mittelalterlicher Burgen und Kirchen. In Kirchen wurde der Altar meist auf ein gestuftes Podest gesetzt, um die Dramatik der Liturgie zu steigern und den Altar auch aus dem hinteren Bereich der Kirche gut sichtbar zu machen.

Wendeltreppen, die sich um einen zentralen Stützpfosten winden, waren sehr gebräuchlich in Burgen und großen Häusern. In Burgen wurden sie häufig angelegt, um Angreifern den Zugang zu den oberen Stockwerken zu erschweren. Kleinere Anwesen besaßen lediglich Leitern als Zugang: diese blieben jedoch selten erhalten.

Gestuftes Altarpodest

Der Altar einer mittelalterlichen Kirche stand gewöhnlich auf einem Podest, zu dem eine kurze und breite Treppe führte, wie dieses Beispiel aus Ravenna (Italien) zeigt. Die Treppe setzt den Altar als besonderen Bereich vom Rest der Kirche ab und zieht die Aufmerksamkeit auf ihn, sogar wenn keine Messe zelebriert wird.

Außentreppe

Jeder, der diese Außentreppe zum erhöhten Eingang der romanischen Burg Rising in Norfolk (England) erklomm, war den Verteidigern oben nahezu schutzlos ausgeliefert. In friedlicheren Zeiten jedoch verlieh solch eine Treppe dem Eingangsbereich Dramatik und Erhabenheit.

Treppenturm

Wendeltreppen wurden meist in einen runden Anbau, einen Treppenturm eingebaut. Solche Türme haben ein typisches Fenstermuster, das dem Verlauf der Treppe nach oben folgt, wie hier beim Bishop's Palace in Salisbury (England). Die stufenförmige Anordnung der Fenster zeigt deutlich die Form der Treppe.

Palasttreppe

Wendeltreppen wurden im Mittelalter nicht nur aus Gründen der Verteidigung gebaut. Dieses prachtvolle Beispiel aus einem spätmittelalterlichen französischen Schloss hat eine reich verzierte Decke, große Buntglasfenster und ist breit genug für die Benutzung durch mehrere Personen gleichzeitig. Die schmale Tür links führt zu einer kleineren Dienstbotentreppe.

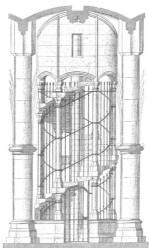

Frei stehende Wendeltreppe

Die Trittstufen einer Wendeltreppe müssen fest verankert sein, jedoch nicht zwingend in einer soliden Wand, wie dieses Beispiel aus der französischen Gotik zeigt. Hier ist die Treppe von einer Kolonnade mit schmalen Säulen auf einer gerundeten Wange umgeben, die die Trittstufen hält.

Renaissance

In der Renaissance wurden Treppen immer prachtvoller
und komplexer. Das Vertrauen in Wendeltreppen ermöglichte viele neue Formen, wie etwa kunstvolle Doppelwen-
deltreppen, Schachttreppen mit geraden Läufen um eine
Öffnung und Bogentreppen. Hatte die Treppe einen
Schacht als Zentrum, war ein Geländer mit einem Handlauf notwendig. Geländer wurden oft gedrechselt: kunstvolle spiegelbildliche Muster
waren dabei besonders be-
liebt. Auch andere Ausgestaltungen waren üblich, z.B. mit
Roll- und Schweifwerk. Treppenpfosten wurden ebenfalls
aufwendig verziert.

Doppelwendeltreppe
Die Haupttreppe im französischen Schloss Chambord hat
die Form einer Doppelwendel
mit zwei separaten, gegenläufigen Treppen, was die Faszi-
nation der Renaissance für
aufwendige, komplexe Gestaltung widerspiegelt. Bei dieser
Art von Treppe kann man
hinauf- bzw. hinuntergehen,
ohne jemandem zu begegnen.

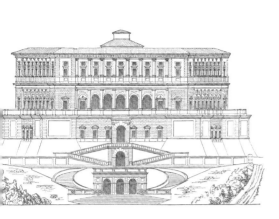

Doppelaußentreppe

Der italienische Renaissance-Palast in Caprarola bei Rom hat zwei große Außentreppen – die eine bogenförmig, die andere gerade. Sie verleihen dem Eingang eine gewisse Dramatik und betonen den Steilhang, auf dem der Palast steht.

Verzierte Schachttreppe

Wie andere Architekturelemente folgte auch die Treppe der Mode. Diese Schachttreppe im Cromwell House (17. Jh.) in Highgate, London (England), hat Rollwerkpaneele und Trophäenschmuck. Die Treppenpfosten sind mit stehenden Figuren in zeitgenössischer Kleidung, die Unterseiten der Treppenecken mit Abhänglingen verziert.

Gedrechselte Baluster

Zeittypisch waren massive Baluster, deren oberer und unterer Teil sich oft spiegelten. Diese Baluster aus dem späten 16. Jh. sind gedrechselt. Der Handlauf ist breit und flach, die Treppenpfosten sind mit Kreuzblumen bekrönt.

Flache Baluster

Flachbaluster – aus Brettern geschnitten und nicht gedrechselt – sind ebenfalls typisch für die Renaissance. Diese Beispiele aus England haben gleiche Seiten, ungleiche obere und untere Abschlüsse und Durchbrucharbeiten in der Mitte.

Barock & Rokoko

Die Treppengestaltung im Barock nahm sehr deutliche Anleihen beim klassischen Formenkanon und ergänzte ihn um zahlreiche stilistische Innovationen wie reiches, aber nicht überladenes Dekor. Vasenförmige Baluster wurden in dieser Zeit sehr beliebt, jedoch war im 18. Jh. dafür auch Ausgefeilteres gebräuchlich, etwa Spiralformen oder Miniatursäulen. Neue Materialien – insbesondere Gusseisen, das in dieser Zeit immer leichter verfügbar wurde – ermöglichten feingliedrigere Ausgestaltungen, als dies mit Holz bisher möglich war; außerdem baute man nun auch wangenlose Treppen, bei denen die Enden der Tritt- und Setzstufen sichtbar sind.

Vasenförmige Baluster
Die Baluster im Ashburnham House (17. Jh.) in London (England), entworfen von Inigo Jones, markieren die Einführung einfacher, klassisch beeinflusster Formen in England. Der Gesamteindruck, einschließlich der schlichten quadratischen Pfosten und des flachen Handlaufs, weist auf Vorbilder aus Renaissance und Barock hin.

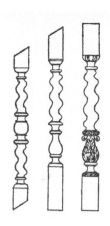

Gewundene Baluster

Gewundene oder spiralförmige Baluster waren im frühen 18. Jh. beliebt und sind ein Schlüsselmerkmal für Treppen dieser Zeit. Sie wurden gedrechselt und hatten meist die Form einer Korkenzieherspirale, obwohl manchmal auch engere Spiralformen zu finden sind.

Balustermix

Mitte des 18. Jh.s kamen Treppen mit bunt gemischten Balustern in Mode; hier reihen sich gewundene und spiralförmige Baluster an säulenförmige – komplett mit Kapitell und Basis. Es gab keine gestalterischen Standards, aber viele Geländer wiederholen einen Dreiermix pro Stufe.

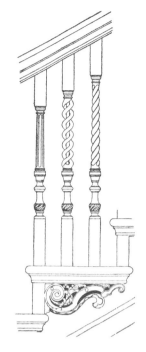

Eisengeländer

Innovationen in der Metallverarbeitung im 17. und 18. Jh. machten Geländer aus Gusseisen beliebt. Sie ließen sich mit zarten Mustern herstellen, waren leicht und stabil zugleich. Da sie teuer waren, hielten sie zunächst nur Einzug in hochkarätigen Bauten wie hier dem Hampton Court Palace, Surrey (England). Später wurden sie erschwinglicher.

Rokokogeländer

Die asymmetrische C-Kurve des Rokoko wurde zusammen mit anderen Schmuckelementen beliebt für die Treppengestaltung. Dieses gusseiserne Geländer überbrückt mit C-Kurven den Höhenunterschied zwischen den Stufen und sorgt so für eine ruhigere Linienführung. Die Stufen haben keine Wangen.

Klassizistisch

In der palladianischen und klassizistischen Zeit bestimmte der Rückgriff auf Formen der Antike die Treppengestaltung. Die Tempelfassade auf einem Stufenpodest ist ein Schlüsselelement von Bauten jener Zeit und stellt entweder den Hauptbestandteil einer Fassade oder bei größeren Gebäuden eine ihrer Komponenten dar. Mit der Verbreitung des Reihenhauses wurden neue Treppen entwickelt, etwa solche, die sowohl den Zutritt zur erhöhten Eingangstür als auch zum tiefer gelegenen Dienstbotenbereich ermöglichten. Für die Innenarchitektur wurden Treppen vereinfacht und hatten gerade Läufe, manchmal kombiniert mit sanften Bogen. Auch Baluster bekamen neue Formen, die man von antiken Vorbildern ableitete.

Stufenpodest
Das von Thomas Jefferson entworfene Herrenhaus in Monticello, Virginia (USA), hat einen Portikus auf einem Stufenpodest nach antiken griechischen Vorbildern. Jefferson wählte diese ganz bewusst, da er den griechischen Stil als demokratischer empfand als den römischen, der eher royalistische oder imperiale Assoziationen weckte.

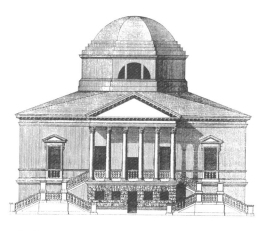

Außentreppe

Lord Burlingtons Chiswick House (begonnen 1725) in London (England) ist stark von palladianischen Vorbildern beeinflusst. Die kunstvolle mehrläufige Außentreppe an der Eingangsfront basiert auf dem Renaissance-Stil römischer Villen, kombiniert mit einer Tempelportikus nach Bauart der römischen Antike.

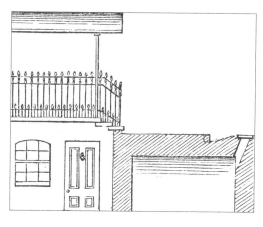

»Area«

So nennt man in England eine für klassizistische Stadthäuser typische kurze Treppe, die ins Untergeschoss und wie hier meist zu einer Hintertür führte. »Areas« dienten dazu, Dienstboten und Lieferanten den Zugang zum Haus zu ermöglichen, ohne den Haupteingang zu benutzen.

Gewendelte Treppe

Anders als die Wendeltreppe, die einen zentralen Stützpfosten hat, windet sich die gewendelte Treppe um einen offenen Schacht. Im 18. und frühen 19. Jh. waren gewendelte Treppen sehr in Mode, so wie hier in einem großen Londoner Stadthaus (Mitte 18. Jh.).

Baluster im Adam-Stil

Diese vom klassizistischen Architekten Robert Adam entworfene gusseiserne Baluster haben eine sich verjüngende Pilasterform, bekrönt mit kleinen Laternen im römischen Stil. Das äußerst zarte Design – ermöglicht durch die selbst bei geringer Stärke hohe Stabilität des Eisens – war ein Markenzeichen der Arbeiten Adams.

Revival-Stile

Die Treppen von Gebäuden in Revival-Stilen des 19. Jh.s basierten gewöhnlich auf Vorbildern derjenigen Zeit, die der Architekt wieder zum Leben erwecken wollte. Daher hatte ein Gothic-Revival-Gebäude Maßwerkbaluster, ein Renaissance-Revival-Bau eine großzügige Treppe im Stil der Renaissance. Diese »Retromotive« waren aber oft nur eines: modisches Beiwerk, das wenig mit den Originalvorbildern zu tun hatte. Dies war vor allem in solchen Häusern der Fall, in denen die Treppen Standardware darstellten, ihre Geländer und Treppenpfosten aber bunt gemischte zusätzliche Details bekamen, um den Eindruck unterschiedlicher Epochen und Stile hervorzurufen.

Gothic-Revival-Treppe
Diese Gothic-Revival-Treppe aus dem frühen 19. Jh. hat anstelle von Balustern doppelt durchbrochene Maßwerkpaneele und eine die Stufen seitlich verdeckende Treppenwange. Als gerade Treppe mit massigem Pfosten ist sie aber erkennbar als Schöpfung des 19. Jh.s und nicht des Mittelalters.

Überdimensionale Steintreppe

Diese Treppe im Pariser Palais de Justice
aus dem 19. Jh. ist – wie das ganze Gebäude – im Renaissance-Stil gehalten. Obwohl
die Steintreppe überdimensioniert wirkt,
harmoniert das doch mit ihrer Positionierung in einem so wichtigen öffentlichen
Gebäude.

Dienstbotentreppe

Bis in neuere Zeit hinein hatten sogar
Mittelstandsfamilien Hausangestellte.
Daher wurde oft eine zusätzliche Treppe
errichtet, damit die Bediensteten nicht
dieselbe Treppe wie die Familie des Hauses
benutzten. In diesem Haus (um 1870) führt
die kleinere Treppe direkt in die Küche.

Baluster aus Massenproduktion

Die Entwicklung voll-
mechanischer Dreh-
bänke ermöglichte die
Massenherstellung
unterschiedlichster
Baluster im 19. Jh. Die-
se Beispiele aus einem
Herstellerkatalog
(spätes 19. Jh.) zeigen
nur einige der vielen
Formen, die Bauherren
günstig und schnell zur
Verfügung stehen
konnten.

Klassizistischer Treppenpfosten

Meisterdesigner im
19. Jh. kombinierten
Elemente früherer
Stile und schufen so
Bauelemente, die den
Geist des Älteren
einfingen, ohne ihn
genau zu kopieren.
Dieser Treppen-
pfosten (um 1870)
mit Löwenkopf,
Rosette und Akan-
thusblättern geht auf
klassizistische Vorbil-
der zurück, ist aber
mehr als eine bloße
Kopie.

Moderne

Im 20. Jh. stellte die wachsende Anzahl von Hochhäusern neue Anforderungen an Treppen und verlangte nach zeitgemäßen Technologien, um Menschen und Lasten nach oben und unten zu befördern. Zum einen brauchte man feuerfeste Treppen für Fabriken und Bürogebäude; zum anderen fand die Bereitschaft der Menschen zum Treppensteigen ihre Grenzen. Neues Mittel für Auf- und Abwärtstransport war in erster Linie der im späten 19. Jh. entwickelte elektrische Aufzug. In derselben Zeit erfand man die Fahrtreppe. Dennoch geriet die konventionelle Treppe nie in Vergessenheit – noch heute entwerfen Architekten Treppen gemäß modernen Anforderungen und optischen Trends.

Elektrischer Aufzug
Sehr hohe Gebäude benötigen mechanische Transportmethoden zwischen den einzelnen Stockwerken, um diese erreichbar zu machen; schließlich wollen die meisten Menschen nicht allzu viele Treppen auf einmal bewältigen müssen. Die Einführung des elektrischen Aufzugs war der Schlüssel zur Entwicklung sehr hoher Wolkenkratzer, etwa des Seagram Building in New York.

Eisenwendeltreppe

Gute Verfügbarkeit und geringe Kosten für Gusseisen im 19. Jh. machten die frei stehende Eisenwendeltreppe populär. Da sie kompakt und an Deckenhöhen anpassbar ist, kam sie häufig in Fabriken, Büro- und anderen Gewerbebauten zum Einsatz, wo sie gerne farbig gestrichen wurde.

Art-nouveau-Treppe

Diese Treppe, entworfen von Hector Guimard, nutzt den optisch fließenden Charakter von Gusseisen, um elegante und anmutige Formen zu schaffen, die mit Holz oder anderen Materialien nicht machbar gewesen wären. Die Form der Treppenwendelung dagegen bleibt der Gestaltung des 19. Jh.s verhaftet.

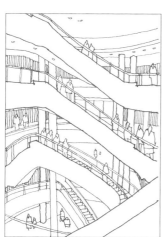

Fahrtreppe

Die meisten Fahrtreppen verlaufen gerade, aber es gibt auch bogenförmige, wie diese in einem kalifornischen Einkaufszentrum. Rolltreppen in großen Geschäften verlaufen in der Regel im Gebäudezentrum, um Kunden beim Wechsel der Etagen einen freien Blick auf die Waren zu ermöglichen.

Außenfahrtreppe

Im späten 20. Jh. suchten Architekten nach neuen Möglichkeiten für Treppenoptik und Transport nach oben und unten. Beim von Richard Rogers und Renzo Piano entworfenen Centre Pompidou (1971–77) in Paris (Frankreich) erbaut sind die Fahrtreppen in markanten Außenröhren untergebracht.

Einführung

Die Römer besaßen komplexe Bodenheizungssysteme, Hypokaustum genannt, Burgen und Paläste in Mittelalter hatten offene Kamine, aber erst im 16. Jh. waren Feuerstellen auch in kleineren Wohnhäusern üblich. Vorher hatten die meisten nur einen Hauptraum mit einer zentralen Feuerstelle, die zum Heizen und Kochen diente. Bei Kaminen wurde der Rauch durch ein Rohr in den Schornstein geleitet; oft hatten sie einen Kaminsims zur Verbesserung der Wärmezirkulation. Feuerstellen und Kamine folgten den Moden ihrer Epochen und sind deshalb eine gute Datierungshilfe.

Wie viele Feuerstellen?
An der Schornsteinzahl kann man meist erkennen, wie viele Feuerstellen ein Gebäude hat. Jede hat ein eigenes Kaminrohr, das den Rauch durch den Schornstein leitet und das meist auf diesem zu sehen ist. Die Anzahl der Kaminrohre entspricht der Menge der Feuerstellen. Bei diesem Haus sind es neun.

Hypokaustum

Die Römer entwickelten komplexe Unterbodenheizsysteme, die Hypokausten, die es nicht nur in Badehäusern, sondern auch in Palästen und Villen gab. Die Abwärme eines Brennofens wurde dabei durch Kanäle unter dem Fußboden geleitet, um so die Räume darüber und Wasser für die Bäder zu erwärmen.

Kunst am Schornstein

Die reich verzierten Schornsteine des Schlosses Chambord (begonnen 1519) in Frankreich mit einer Vielzahl an Mustern, etwa Rondellen, Zickzack und Rauten, sind typisch für die Renaissance. Feuerstellen waren sehr teuer; aufwendige Schornsteine demonstrierten daher den Wohlstand des Besitzers.

Zierkamin

In kleinen Wohnhäusern ist ein Kamin oft der Hauptschmuck eines Raumes, in großen Häusern aber ist er nur Teil der Gesamtgestaltung. In der Long Gallery im klassizistischen Syon House bei London (England) ist der kunstvolle Kamin Teil eines aufwendigen Schmucksystems.

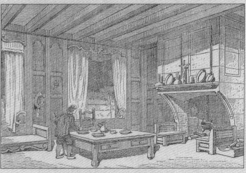

Herd zum Kochen und Heizen

Bis vor nicht allzu langer Zeit besaßen kleine Häuser nur eine Feuerstelle, die zum Kochen und Heizen der Wohnbereiche diente. Dieses französische Haus aus dem 19. Jh. zeigt, wie der kombinierte Ess- und Wohnraum mit Töpfen an Eisenhaken über dem Feuer, Zierrat und Tiegeln auf dem Kaminsims ausgestattet war.

Mittelalter

Im Mittelalter wurde der Hauptwohnraum, die große Halle, von einem zentralen offenen Herd beheizt, dessen Rauch durch das hohe Dach abzog; große Häuser hatten mitunter separate Küchen, um die Brandgefahr zu mindern. Feuerstellen mit Rauchhaube blieben den großen Bauwerken vorbehalten: Burgen, Schlössern, Palästen und Klöstern – oft hatten aber auch sie nur eine bis zwei. Diese Kamine hatten in der Regel einen vorspringenden, von Säulen oder Kragsteinen getragenen Abzug, der Schornstein war an einer Außenwand angesetzt.

Offener Herd

Die große Halle war das Herz eines Hauses im Mittelalter, in dessen Zentrum ein offener Herd stand. Der Dachstuhl war offen, wie hier in Sutton Courtenay im englischen Oxfordshire. Dort sammelte sich der Rauch und konnte durch eine oder mehrere Öffnungen im Dach nach außen abziehen.

Abteiküche

Mittelalterliche Burgen, Schlösser, Paläste und Klöster hatten oft abgetrennte Küchen, um Kochgerüche von den übrigen Wohnräumen fernzuhalten und das Brandrisiko zu senken. Meist gab es dort mehrere Herde, um viele Portionen auf einmal zuzubereiten. Dieser riesige Kamin steht in der Küche der Weißen Abtei von Mortain in der Normandie (Frankreich).

Bedachter Kamin

Diese vorspringende Überdachung im Haus des Jacques Coeur im belgischen Brügge, die vorne von frei stehenden Säulen getragen wird, ist typisch für das Spätmittelalter. Die Feuerstelle befand sich darunter, die Bedachung fungierte als Abzug, der den Rauch in das Rauchrohr dahinter zog.

Holzhaube

In diesem französischen mittelalterlichen Haus wurde ein hölzerner Abzug dazu benutzt, den Rauch nach oben abzuleiten. Auch wenn ein Kaminelement aus Holz seltsam erscheint: Es kam nicht in direkten Kontakt mit dem Feuer und konnte daher sicher benutzt werden.

Außenrauchrohr

Mittelalterliche Rauchrohre wurden meist außen angemauert und seltener in eine Mauer integriert, denn oft ergänzte man ursprünglich ohne Kamin geplante Gebäude nachträglich damit. Auch Bedenken in Sachen Baustatik mögen hierbei eine Rolle gespielt haben.

Renaissance & Barock

Die technologische Weiterentwicklung der Ziegelherstellung im 15. und 16. Jh. sorgte für eine größere Verbreitung von Schornsteinen; trotzdem kamen Kamine immer noch sehr teuer. So konnten Hauseigentümer im Besitz von Feuerstellen dies durch kunstvolle Schornsteine nach außen hin demonstrieren. Die Ornamentierung folgte den jeweiligen Zeittrends. Während der Renaissance waren klassisch inspirierte All'antica-Motive sehr beliebt. In der Barock- und Rokokozeit wurden Kamine mit modischen C-Kurven, Muscheln, Schnecken und Girlanden verziert. Populär waren auch kunstvolle Kaminmäntel, -simse und -aufsätze mit Skulpturenschmuck.

Schornsteinlandschaft
Die zahlreichen Ziegelschornsteine von Compton Wynyates (frühes 16. Jh.) in Warwickshire (England) deuten auf viele Feuerstellen im Inneren des Landsitzes hin. Sie sind unterschiedlich gestaltet. u. a. mit Spiralen und Rauten. Ihre Asymmetrie ist nicht nur durch die Anordnung der Innenräume bedingt, sondern auch dadurch, dass das Anwesen im Laufe der Zeit immer wieder verändert wurde.

Zierschornstein

Noch im 15. und 16. Jh. waren Innenfeuerstellen großer Luxus; entsprechende Gebäude hatten kunstvolle Schornsteine, um diesen Luxus nach außen hin zu demonstrieren. Die Schornsteine waren reich verziert und oft unterschiedlich gestaltet. Diese englischen Beispiele aus dem 16. Jh. in Tonbridge in Kent sind aus speziell geformten und bemeißelten Ziegeln gefertigt.

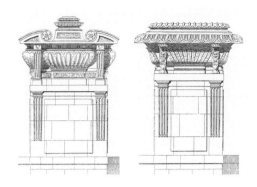

Französischer Renaissance-Schornstein

Diese beiden kunstvollen Schornsteine sind mit All'antica-Motiven verziert, tragen römische Sarkophage (sehr dekorative Steinsärge) und haben Pilaster, Giebel, Masken und Profile, u. a. mit Eierstab. Sie zeigen, wie in der Renaissance klassische Motive neu verwendet wurden, um Wohlstand und Macht zu demonstrieren.

Kaminschmuck

In prachtvollen Barockräumen war der eigentliche Kamin mit seinem Schmuckaufsatz über der Feuerstelle nur Teil einer großen Wandkomposition. Dieses Beispiel aus dem französischen Schloss Villeroy hat eine Porträtbüste in einem oval umkränzten Rahmen, der wiederum in einen größeren, von einem bogenförmigen Sprenggiebel bekrönten Rahmen gesetzt ist.

Spiegelnde Verkleidung

Diese Kaminummantelung im Schloss Versailles bei Paris hat ein elegant fließendes C-Kurven- und Muscheldekor. Über der Feuerstelle ist ein fensterartiger Spiegel angebracht; ein echtes Fenster wäre an dieser Stelle wegen des Rauchfangs unmöglich.

Klassizistisch

Sichtbare Schornsteine passten nicht besonders gut zur Klarheit klassisch inspirierter Bauten. Daher wurden im Klassizismus Kamine oft versteckt, entweder indem man den Großteil ihres Verlaufs ins Dach integrierte oder sie durch eine Brüstung verdeckte. Das war nicht ganz einfach, da Kamine immer höher und flacher wurden, Schornsteine zur Verbesserung ihrer Zugkraft immer länger. Kamine hatten seitliche Pilaster und darüber einen geradlinigen Kaminsims, der das klassische Gesims zitierte. Die Seitenteile konnten unverziert oder gefurcht sein. Im frühen 19. Jh. wurden sogenannte Ochsenaugen in den Ecken beliebt.

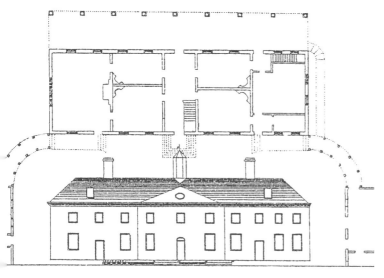

Mehrfachkamine
Der Landsitz (1757–87) von George Washington in Mount Vernon, Virginia (USA) hat zwei Schornsteine, die seitlich auf dem Dach platziert sind. Der Grundriss zeigt, wie diese Schornsteine mehrere Kamine im Haus versorgen konnten: Jeder hatte einen eigenen Rauchabzug im Hauptschlot, zu dem die verschiedenen Rohre der Kamine führten; vieles der Anlage ist unter dem Walmdach verborgen.

Halbverborgener Schornstein

Thomas Jeffersons unausgeführter Wettbewerbsentwurf (1792) für das Präsidentenhaus in Washington, D.C., ist stark palladianisch beeinflusst, mit Zentralkuppel und vier Portiken. Die unvermeidlichen Schornsteine sind größtenteils unter dem Walmdach verborgen; nur ihre Köpfe sind sichtbar.

Kamin à la Adam

Dieser Kamin im Stil des schottischen Architekten Robert Adam verwendet eine Vielzahl klassizistischer Schmuckmotive, einschließlich Mäandermuster. Er hat einen vorstehenden Kaminmantel, der auf einem Gesims ruht; die seitlichen Pilaster werden von Frauenköpfen mit Girlanden gebildet.

Eckschornstein

Bei diesem Haus sitzt der Schornstein auf der Schmalseite; die Feuerstellen in den verschiedenen Stockwerken liegen genau übereinander. Diese Anordnung war im 18. und 19. Jh. sowohl bei allein stehenden als auch bei Reihenhäusern sehr verbreitet.

Kamin mit Ochsenaugen

Diese Abbildung zeigt eine weitverbreitete Kaminart im frühen 19. Jh. Sie hat in den Ecken runde Motive, sogenannte Ochsenaugen. Die Seitenteile der Ummantelung sind hier unverziert, sie waren aber oft auch gefurcht. Ausgeführt wurde der Kamin in Marmor oder lackiertem Holz.

19. Jahrhundert

Für die Gestaltung von Kaminen im 19. Jh. gibt es zwei Schlüsselmerkmale: erstens eine Vielzahl von Verzierungsmotiven älterer Stile wie Gothic Revival oder eine Mixtur aus vielen verschiedenen Epochen, einschließlich Barock, Klassizismus und Historismus. Zweitens die Veränderung in der Gestaltung des Kamininneren; man versuchte, ihre Effizienz zu erhöhen, indem man z. B. kleinere Feuerroste einbaute, die auch die Verwendung von Kohle als Brennstoff ermöglichten. Auch vergrößerte sich die Spanne der verwendbaren Baumaterialien, etwa durch die Einführung des Gusseisens, das man auch lackieren konnte. Zudem wurden dekorative Kacheln und Fliesen populär.

Louis-XIV-Kamin
Kamine im 19. Jh. spielten mit Stilen vieler Epochen. Dieser hier basiert auf dem französischen Stil aus der Zeit Ludwigs XIV. und war entweder aus Stein gemeißelt oder aus Metall gegossen. Der Kamin war meist nur Teil eines üppig verzierten Interieurs.

Gewölbter Kamineinsatz

Das Design der Kamininnenausstattung
entwickelte sich im 19. Jh., als man nach
effizienten Methoden zur Nutzung von
Kohle als Brennstoff suchte. Man fand
heraus, dass eine kleine, flache Öffnung am
besten war, entwickelte daher Einsätze wie
diesen gewölbten aus Gusseisen und baute
sie in größere Kamineinfassungen ein.

Gusseisenkamin

Dieser für das späte 19. Jh. typische Kamin
ist aus Gusseisen. Seine Verzierungen sind
verschiedenen Epochen entlehnt, mit klassischen Elementen wie Eierstabprofilen und
geschlitzten Metopen genauso wie mit
zarten floralen Details. An den Seiten sind
gefliese Einsätze, und der kleine Rost
diente der Verbrennung von Kohle.

Schornsteinaufsatz

Schornsteinaufsätze wie diese aus dem
frühen 19. Jh. dienten dazu, den eigentlichen Schornstein zu verlängern und so
seinen Zug zu verstärken. Dieses Ensemble
ist vieleckig und sitzt
auf einem kleinen
Sockel auf dem
Schornstein; oft ist
ein Schornsteinauf-
satz aber auch ein-
fach rund. Gefertigt
wurde er in der Regel
aus Terrakotta.

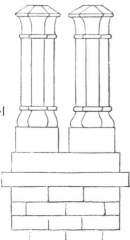

Tudor-Revival-Kamin

Dieser Kamin aus dem 19. Jh. ist eine
Replik eines englischen Kamins aus dem
16. Jh. und könnte ein Teil eines Gothic-
oder Tudor-Revival-Interieurs sein. Ein
Bogen mit vier Mittelpunkten sitzt in einem
rechteckigen Rahmen, die Zwickel zwischen Bogen und Rahmen sind mit ge-
streckten Dreiecken verziert.

20. Jahrhundert

Im 20. Jh. sank der Stellenwert von Kaminen zugunsten neuer Heizmethoden mit Öl, Gas und Strom. Obwohl mit Gas und Strom betriebene »Feuer« aufkamen und eine Kaminromantik auslösten, die den jeweiligen Designtrends folgte, machten schließlich Zentralheizungssysteme den echten Kamin als Wärmequelle für moderne Gebäude überflüssig. Auch wegen der Umweltverschmutzung verzichtete man mehr und mehr auf Kamine, speziell auf kohlebefeuerte. Trotzdem haben Menschen immer noch Freude an »echten« Kaminen: Nach wie vor werden Häuser wegen der Atmosphäre mit Kaminen ausgestattet, aber nur in einem oder zwei Haupträumen; das restliche Haus wird mit anderen Methoden beheizt.

Neue Heizmethoden
Manchmal sagt das, was nicht vorhanden ist, genauso viel über ein Bauwerk aus wie das Vorhandene. Dieses Haus aus den 1930er-Jahren hat nur einen Schornstein – was aber nicht heißt, dass viele Räume unbeheizt blieben, denn neue Heizmethoden mit Gas, Strom und Öl benötigten keine hohen Schornsteine mehr.

Exponierter Schornstein

Der exponierte Schornstein aus Ziegel und Stein dieses wohl als ländlicher Ruhesitz geplanten amerikanischen Hauses ist bewusst rustikal gehalten, um an gute alte Pionierzeiten zu erinnern. Dieses »Retrodesign« blieb für kleine Häuser noch lange populär – für große war es längst aus der Mode gekommen.

Kohleofen

Geschlossene Herde und Heizöfen kamen erstmals im 18. Jh. auf und wurden im 19. Jh. stark verbessert. Dieser kunstvolle Kohleofen aus dem frühen 20. Jh. mit Rokokoverzierungen hatte gegenüber dem offenen Kamin viele Vorteile – es ist z. B. nur ein Ofenrohr und kein Schornstein nötig.

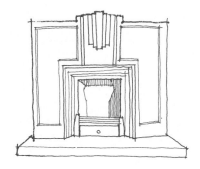

Art-déco-Kamin

Dieser Art-déco-Kamin konnte gut als Brennstelle für Gas- oder Elektro-»Feuer« dienen, die nach dem Ersten Weltkrieg aufkamen. Diese Kaminart war oft gefliest und meist einfarbig; aber auch Muster waren sehr beliebt.

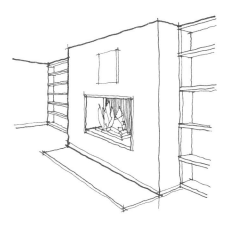

Wandlochkamin

Das Verlangen, auch in heutigen Zeiten vor einem richtigen Feuer zu sitzen, beantworteten Designer und Architekten mit neuartigen Entwürfen, wie etwa diesem puristischen Wandkamin, der hervorragend zur abgespeckten Inneneinrichtung der letzten Jahre passt.

Einführung

Ornamentik ist ein wesentliches Element der Architektur. Sie wird eingesetzt, um Flächen zu beleben, um Details zu betonen – ganz allgemein soll sie ein Bauwerk verschönern. Zu allen Zeiten gab es in der Architektur eine enorme Fülle an ornamentalen Motiven, von menschlichen und Tierfiguren über pflanzliche Formen wie Blätter und Blüten bis hin zu geometrischen Formen. Auch Architekturteile werden dekorativ eingesetzt, etwa Ziergiebel. Selbst die simple Variation der Textur kann einen Schmuckeffekt haben. In diesem Kapitel lernen Sie die wichtigsten Formen von Bauschmuck kennen – und wie sie in den einzelnen Epochen eingesetzt wurden.

Licht und Schatten
Bereits geringes Variieren der Schnitttiefe kann die Wirkung von Bauschmuck enorm beeinflussen. Die Rustizierung dieser Steinblöcke mit ihrem Randschlag, der für ein Spiel von Licht und Schatten sorgt, macht die Optik der Wand weitaus eindrucksvoller als flaches Mauerwerk.

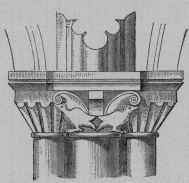

Paarung

Ein Motiv an einem Architekturteil mehrfach zu verwenden, ist ein in allen Epochen üblicher Kunstgriff. An diesem romanischen Kapitell im deutschen Speyer sind zwei Schwäne mit verschlungenen Hälsen das zentrale und sehr dynamische Motiv. Es erinnert an das Paarungsverhalten dieser Tiere.

Rücken an Rücken

Auch Spiegelung ist eine übliche Methode, um ein Motiv zu variieren, was insbesondere für Vogel- und Tierfiguren galt. Man gestaltete sie gerne Kopf an Kopf bzw. Rücken an Rücken – wie hier diese romanischen Vögel.

Im Wechsel

Motive im Wechsel verhindern Eintönigkeit in der Gestaltung. Hier am Gebälk des Palazzo Farnese in Rom (Italien) wechseln sich stilisierte Lilien mit gotisch anmutendem Blattwerk ab, was die Verzierung optisch auflockert, ohne ihre Symmetrie zu zerstören.

Wiederholungen

Vervielfachungen sorgen für Abwechslung ohne das Risiko dekorativer Überladung. In einem romanischen Kloster in Tarragona (Spanien) werden die Arkaden von Säulenpaaren mit doppelten Friesen in deren Bogenlaibung getragen. Die Zwillingsöffnungen im Feld des großen Bogens darüber wiederholen den Doppelungseffekt.

Menschliche Figuren

Die menschliche Figur ist eines der faszinierendsten Schmuckmotive und findet sich in nahezu allen Architekturstilen der Geschichte. Sie kann zu einem Bauwerksteil werden, etwa als Säule. In der Regel steht die menschliche Figur als Relief oder Skulptur in einem religiösen Kontext. Teile der menschlichen Figur können auch mit Tierformen zu bizarren und grotesken Ornamenten kombiniert werden. Grotesken sollten lächerlich, absurd oder schaurig auf den Betrachter wirken. Nicht in allen Religionen ist die Abbildung des Menschen gerne gesehen, die oft als Beihilfe zum Götzentum oder als Gotteslästerung gewertet wird; eine Zerstörung von Bildern in diesem Zusammenhang nennt man Ikonoklasmus oder Bildersturm.

Karyatide
Eine Karyatide ist eine Säule in Frauengestalt, die anmutig und scheinbar mühelos das Gewicht des Bauwerks auf ihrem Kopf trägt. Karyatiden sind typisch für antike griechische Architektur und den Greek-Revival-Stil und zeigen, wie Frauen traditionell schwere Lasten auf ihrem Kopf transportierten.

Köpfe als Abschluss

Sowohl männliche als auch weibliche
Menschenköpfe waren beliebtes Dekor in
Romanik und Gotik. Sie zierten Konsolen
und Kragsteine oder dienten – wie auch
Tierköpfe – als Abschluss für Leisten, z. B.
als Traufe über Fenstern, Türen und Bogen.

Kinderfiguren

Eine kleine Kinderfigur – meist nackt und
mit Flügeln – nennt man nach dem Gott
der Liebe Amorette und Eros bzw. Cupido,
wenn es Knaben mit Pfeil und Bogen sind.
Sie kann für sich stehen oder Teil eines
Dekors sein. Putten (ital. *putto* = kleiner
Knabe), Kinderengel, sind typisch für
Barock und Rokoko. Häufig finden sich
auch kindliche Engelsköpfe mit Flügeln.

Herme

Hermen (vom griechi-
schen Gott Hermes) sind
Halbfiguren mit Kopf und
Oberkörper, die sich nach
unten in einem verjüngten
Pilaster oder Pfeiler
fortsetzen und besonders
in der Renaissance ein
beliebter Schmuck waren.
In der Antike hatten
Hermen markant
ausgeformte männliche
Genitalien, was sich aber
später verlor, als man sie
als bizarre Grotesken mit
Rankenwerk gestaltete.

Atlant

So nennt man (nach Atlas, dem titanischen
Himmelsträger der griechischen Mythologie) eine männliche muskulöse und oft
überlebensgroße Figur mit erhobenen
Armen und gebeugtem Oberkörper, auf der
ein Bauteil schwer lastet. Diese Atlanten
wuchteten den Türüberbau eines deutschen
Wohnhauses aus dem 19. Jh. hoch.

Tierformen

Tierformen lassen sich als Dekor in schier endloser Vielfalt einsetzen. Ebenso wie die menschliche Figur können sie zu Bauwerksteilen werden und mit dem restlichen Gebäude optisch interagieren. Tiere können auch für sich als Verzierung stehen – oder mit anderen Motiven wie Blattwerk, Blumen und menschlichen Formen kombiniert werden. Groteske oder stilisierte Tierformen kommen am häufigsten vor, speziell in Romanik, Gotik und Renaissance. Aber es waren auch realistischere Ausführungen üblich. Naturalistische Tierdarstellungen sind typisch für Antike und Klassizismus, als selbst so fantastische Wesen wie der Sphinx geradezu lebendig wirkten.

Bukranion
Bukranien (»Ochsenschädel«) waren als Friesmotiv – meist in Verbindung mit Blumengirlanden – in der Antike und dann wieder ab dem Zeitalter der Renaissance sehr verbreitet. Sie sollten wohl an die rituelle Opferung von Ochsen in der griechischen und römischen Antike erinnern.

Schnabelkopf

Baukünstler aller Zeiten fanden Gefallen daran, Achitekturteilen menschliche oder tierische Eigenschaften zu verleihen. Hier »beißt« ein stilisierter Vogel (»Schnabelkopf«) ein romanisches Gesims. Die meisten, aber nicht alle Schnabelköpfe sind vogelartig.

Groteske

Stilisierte und bizarre menschliche oder tierische Figuren waren als Grotesken beliebt in Gotik, Romanik und (wie hier) Renaissance, finden sich aber auch in anderen Epochen. Sie wurden oft paarweise gespiegelt und mit Blattwerk umgeben.

Sphinx

Der Sphinx – halb Mensch, halb Löwe – ist eine Figur aus der griechischen und äpyptischen Mythologie. Er bewacht oft Eingänge oder ist einfach ein Schmuckmotiv. Andere Fabelwesen dieser Art sind der Zentaur (halb Mann, halb Pferd) und die Harpyie (halb Frau, halb Vogel).

Klauenfüße

Tierfüße wie Pfoten oder Klauen zierten Säulenbasen ebenso wie Möbelfüße, insbesondere im 18. Jh. Diese Klauen befinden sich an einer Säulenbasis und sollen den Eindruck erwecken, das Bauelement sei ein Lebewesen.

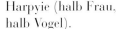

Blattwerk

Blätter, Stängel und andere Pflanzenteile waren zu allen Zeiten am häufigsten Ausgangspunkt ornamentaler Kunst mit nahezu unbegrenzten Einsatzmöglichkeiten. Blattwerk kann sehr naturalistisch und lebensecht gestaltet sein bzw. stilisiert werden – bis hin zur Reduktion auf seine bloße Geometrie. Es ziert u. a. Kapitelle; viele der wichtigen Kapitellformen wie die korinthische basieren auf Blattwerk. Ranken und Schlingwerk können große Flächen überziehen, Einzelblätter dagegen akzentuieren oft markante Stellen eines Bauwerks dekorativ.

Akanthusblatt
Das große gezahnte Blatt des *Acanthus spinosus* wirkte seit der Antike inspirierend auf Baumeister. Insbesondere an Kapitellen kam es gerne zum Einsatz, oft sehr naturalistisch wie hier bei einem korinthischen Kapitell am Tempel des Zeus Olympios in Athen (Griechenland). Später wurde es häufig auch stark stilisiert, etwa an gotischen Kapitellen.

Krabbe

Krabben (auch Kriechblumen) sind aus den Kanten gotischer Architekturelemente wie Kapitell, Giebel oder Wimperg emporrankende stilisierte Knospen oder Blattknäuel. Hier steigern zusätzliche Ballenblumen den dekorativen Effekt der Krabben.

Naturalistisches Blattwerk

Sowohl stilisiertes als auch naturalistisches Blattwerk findet als Ornament Verwendung. Naturalistisches Blattwerk ist typisch für die Gotik, als Steinmetze es verstanden, Blumen, Blätter und Früchte naturgetreu in Stein zu arbeiten. Diese französischen Kapitelle aus Reims zeigen realistische Eichenblätter und Brombeeren.

Blattranke

Verwundene Pflanzenranken sind eine gute Möglichkeit, mit geringem Aufwand auch große Flächen zu verzieren. Blattwerk gab es in zahllosen Varianten an gewölbten wie an geraden Flächen so gut wie immer. Hier ein Beispiel an einem Renaissance-Pilaster.

Arabeske

So nennt man anmutig verschlungene stilisierte Pflanzenranken, die oft in großflächigen Wanddekors zu finden sind. Der Name suggeriert arabischen Ursprung; die naturalistischen Arabesken in Barock und Rokoko haben aber nur wenig mit den geometriebetonteren Varianten islamischer Architektur zu tun.

BAUORNAMENTIK

Floral

Blumen aller Art sind ein beliebtes Dekormotiv in allen Epochen der Architektur. Man findet sie sowohl naturgetreu als auch stilisiert; mitunter sind sie nahezu rein geometrisch. Florale Motive waren typisch für die Antike – speziell die griechische –, für Mittelalter, Barock und das 19. Jh. Es gab aber kein Zeitalter, das völlig auf solche Motive verzichtete. Blumen sind dazu prädestiniert, mit anderen Motiven wie Blattwerk und Früchten kombiniert zu werden, etwa in Girlanden und Gehängen. Außerdem eignen sie sich für rapportierende, also wiederholende Muster, ob nun naturalistisch oder geometrisch.

Anthemion

So bezeichnet man eine stilisierte Blume, die auf der Geißblattblüte basiert und auf die griechische Antike zuückgeht. Auch später kam das Motiv gerne zum Einsatz, insbesondere im Klassizismus. Anthemionfriese beinhalten wie hier meist auch Palmetten, stilisierte Palmblätter.

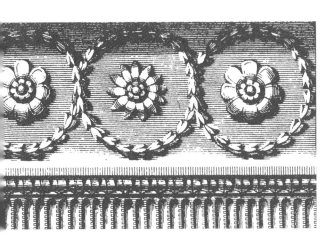

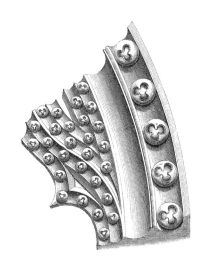

Rosette

Die Rosette, eine stilisierte Rose, ist eins der
zu allen Zeiten am häufigsten verwendeten
Ornamente, auch weil sie mit ihren
überlappenden Blütenblättern einfach
herzustellen ist. Rosetten können quasi wie
ein dekoratives Ausrufezeichen für sich
stehen – oder sie sind Teil einer größeren
Verzierung.

Ballenblume

Ein für die englische Gotik im 14. Jh. sehr
typisches Dekormotiv ist die Ballenblume:
eine Kugel in einer dreiblättrigen Blüte, die
an eine Schelle erinnert. Meist werden sie in
Reihe oder in Haufenarrangements
verwendet, um die Ränder von Portalen,
Bogen, Fenstern und Turmspitzen zu
verzieren.

Girlande

Blumen, Früchte und Blattwerk werden
oft zu einem Ornament vereint, z. B. als
bandförmige Girlande oder als in der
Mitte stärkeres Gehänge in der Form
eines liegenden Halbmonds, auch Feston
genannt. Sie sind meist Hochreliefs, um
sie realistischer wirken zu lassen.

Fleur-de-lys

Darunter versteht man eine stilisierte Lilie
mit zwei herabhängenden Außenblättern.
Das berühmte Emblem der französischen
Monarchie war auch als Rapportmotiv sehr
verbreitet; hier als Bodenfliese. Die weiße
Lilie ist außerdem ein Symbol für die
Reinheit der Jungfrau Maria.

Geometrisch

Geometrische Formen jeglicher Art – alles, was sich mit Zirkel und Lineal konstruieren lässt, wie Linien, Vierecke, Kreise und Kreuze – sind die Basis der Ornamentik. Geometrisch-Abstraktes ist enorm vielseitig, da es sich vergrößern oder verkleinern, vervielfachen bzw. nahezu endlos wiederholen lässt, um auch große Flächen oder längere Distanzen zu verzieren. Geometrische Ornamente wurden zu allen Zeiten verwendet. Keines gehört exklusiv nur zu einer Epoche der Architekturgeschichte, aber viele Formen sind charakteristische Schlüsselmerkmale für bestimmte Stile, etwa der Mäander für die Antike oder das Zickzackmuster für die Romanik.

Zickzack
Zickzackmuster eignen sich besonders als Zierde für runde Architekturteile an Bogen, Fenstern und Türen, weil ihre einzelnen Zacken enger oder weiter gestaltet werden können, um Krümmungen zu folgen. Sie sind typisch für die Romanik – hier im englischen Devizes –, aber auch in der Art-déco-Zeit sehr beliebt.

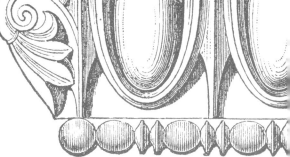

Mäander

Der Mäander war ein zentrales Ornament der griechischen Antike. Er besteht aus einer fortlaufenden Folge rechtwinkelig gebrochener Linien. Es gibt ihn in den verschiedensten Abwandlungen, hier ein Doppelmäander. Im Klassizismus galt er als das griechische Motiv schlechthin und wurde daher bevorzugt verwendet.

Eierstab

Diese Ornamentform besteht aus ovalen Gebilden in Reihe, manchmal auch aus halben Eiern oder abwechselnd ei- und dazwischen pfeilspitzenartigen Formen; hier kombiniert mit einem dekorativen Perlstab. Eierstäbe waren auf Friesen oder als Zierleisten in Antike und Klassizismus weit verbreitet.

Rapport

Darunter versteht man die regelmäßige Wiederholung des gleichen Motivs, ob flach oder als Relief. Ist er fortlaufend und besteht nicht aus in sich geschlossenen Einzelformen, heißt er unendlicher Rapport (z. B. der Mäander). Ohne Rapport wären viele Dekors überhaupt nicht möglich.

Flechtwerk

Ein Muster aus sich überlappenden und verschlungenen Linien nennt man Flechtwerk. Wie der Mäander war es ein wichtiges antikes Motiv für Randverzierungen und wurde später gerne für Bänder, Friese und Gesimse verwendet.

Architektur als Schmuck

Architekturteile können sowohl dekorativ als auch funktional sein. Verzierte Kragsteine und Konsolen etwa stützen Auskragungen, auch wenn die Statik meist anderweitig gesichert wird. Andere Details können reine Zierde ohne konstruktive Aufgaben sein, wie es beispielsweise bei Giebel und Maßwerk in der Gotik häufig der Fall war. Ziergiebel über Fenstern und Türen stehen on der Regel symbolisch für das Giebelende eines klassischen Bauwerks.

Mikroarchitektur
Die Dekoration um die Basis dieser Kirchturmspitze besteht aus miniaturisierten Architekturelementen, etwa Giebeln und Nischen, um eine Landschaft aus Bauwerken in stark verkleinerter Form zu erschaffen. Diese Mikroarchitektur war ein beliebtes Motiv in der gotischen Architektur des 14. Jh.s, insbesondere in England.

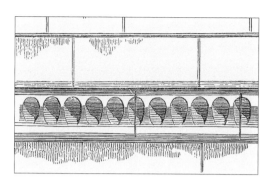

Gesims

Ein waagerechtes glattes oder profiliertes Bauglied zwischen Stockwerken oder an anderen wichtigen Übergängen in der Fassade heißt auch Stockwerksgesims. Solche Gesimse waren üblich in Renaissance und Gotik. Einen ähnlichen Effekt erzielte man später an Ziegelbauten mit Verputz oder Oberflächenbehandlung.

Ziergiebel

Ein Ziergiebel wird auf allen drei Seiten von einem Gesims begleitet. Giebel können wie hier dreieckig oder als Segment gerundet sein. Dieses Beispiel hat eine gesprengte, also nicht geschlossene Spitze mit einer Urne im Zentrum. Auch die Basis eines Giebel kann gesprengt sein.

Konsole

Eine Konsole ist ein dekorativer, s-förmig geschwungener Kragstein mit eingerollten Enden. Er war verbreitet in der Antike und allen klassizistischen Stilen und stützte auskragende Bauteile wie Balkone (hier ein Rokokobeispiel). Kaminsimse und Gesimse über Türen und Fenstern.

Baldachin

Ein Baldachin ist eine oft kuppelähnliche Überdachung anderer Architekturteile, etwa Statuen oder – wie hier – Türen. Dieser muschelförmige Baldachin an einem Haus in Connecticut (USA) ist ein gewölbtes Rundgiebelfeld. Als Wimperg waren Überdachungen in der Gotik weit verbreitet.

Friese

Ein Fries ist ein bandartiger, oft dreimensionaler dekorativer Streifen, der Öffnungen einfasst oder Flächen gliedert bzw. begrenzt. Er findet sich z. B. an Kapitellen, Basen oder Gesimsen und war zu allen Zeiten der Architekturgeschichte weit verbreitet. Friese können gewölbt und wulstartig, ausgehöhlt und abgeschrägt sein. Nahezu jedes Motiv konnte als Zierde auf einem Fries dienen; fortlaufende oder rapportierende Muster waren aber besonders verbreitet, da sie sich mühelos verlängern ließen. Diese Rapporte gab es in den verschiedensten Größen.

Modillon
Dieser am Ende aufgerollte Kragstein ist mit seiner Langseite unter einer waagerechten Platte positioniert. Modillons saßen in der Regel an den Unterseiten von Kranzgesimsen. Sehr beliebt als Schmuck waren sie im Klassizismus und wurden manchmal im Wechsel mit tief kassettierten Paneelen verwendet.

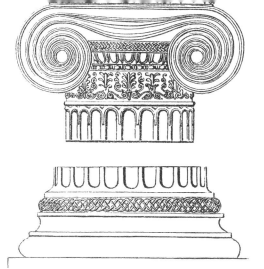

Hohlkehle und Wulst

Diese ionische Basis zeigt, wie Friese – etwa durch Wölbungen, Aushöhlungen und aufgesetzte Details – für Licht- und Schatteneffekte sorgen können. Die Basis verjüngt sich nach oben, was aber unterbrochen wird durch Hohlkehle und Wulst. Der Fries über dem Wulst hat ein verwobenes Muster.

Fase

Winkel können dazu dienen, Architekturelemente gefälliger zu machen. Fasen – abgeschrägte Kanten – an einem sonst rechtwinkligen Fries waren in Romanik und Gotik weit verbreitet, aber auch in anderen Epochen üblich. Abgefaste Friese standen für sich oder wurden mit anderen Friesen kombiniert.

Eierstab

Der Name dieses Frieses ist augenfällig: Er besteht aus einer Reihung von eiförmigen Gebilden, dazwischen finden sich pfeil- bzw. lanzettförmige Stege. Diese Stege wurden im Laufe der Zeit vielfach variiert. Der Eierstab war verbreitet in der Antike und den sie zitierende Stilen.

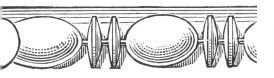

Perlstab

Dieser Fries wirkt wie eine Perlschnur. In der antiken griechischen Architektur kam der Perlstab meist in Verbindung mit der ionischen Ordnung vor; er war aber auch populär bei den alten Römern und den nachfolgenden Epochen bis hin zum Klassizismus. Die Romanik verwendete ihn in Varianten.

Schmuckobjekte

Darstellungen unbelebter Objekte wurden oft als Schmuck eingesetzt: am beliebtesten waren Waffen – Speer, Pfeil und Bogen –, Vasen, Urnen und pyramidenförmige Obelisken. Stilisierte Darstellungen wie Rollwerk trifft man auch häufig an. Schmuckobjekte, ob nun für sich stehend oder in Kombination mit Blattwerk und anderen Motiven, sind typisch für Renaissance, Barock, Klassizismus und Historismus – als Zitate der griechischen und römischen Antike. Viele Objekte haben symbolische oder allegorische Bedeutung, die der kenntnisreiche Betrachter entschlüsseln kann: Urnen etwa stehen für den Tod.

Kartusche

So nennt man ein Ornament oder einen Zierrahmen in Gestalt einer Tafel mit sich einrollenden Ecken und Rändern. Kartuschen können Inschriften, Figurenschmuck oder Darstellungen kleiner Szenen enthalten. Äußerst beliebt waren sie in Barock und Rokoko. Sie waren oft mit Bändern (mit und ohne Aufschrift) oder Rankwerk versehen, um ihren Schmuckcharakter noch zu verstärken.

Wappen

Schild. Wappen und andere heraldische
Formen waren als Architekturelemente in
Mittelalter und Renaissance sehr beliebt.
Am von George Heriot gestifteten Hospital
(17. Jh.) in Edinburgh (Schottland) stellt
ein Schildwappen mit Helm und Motto das
optische Herzstück des Eingangs dar.

Rollwerk

So lautet die Bezeichnung für eine Zierform
aus eingerollten Bändern. Sie war populär
in der nordeuropäischen Architektur,
insbesondere in England und den Niederlanden. Rollwerk kam als Wandverzierung
zum Einsatz – oder wie hier als Bekrönung,
die mit Licht und Schatten spielt.

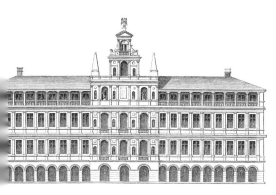

Urne

Eine Urne ist ein
hohes bauchiges
Gefäß mit Deckel
und sich oben
verjüngendem
Sockel: hier ein
klassizistisches
Beispiel von Robert
Adam. Ursprüng-
lich ein Bestandteil
antiker römischer
Totenzeremonien,
sind Urnen ein
Symbol für den
Tod. Sie ähneln den
deckellosen Vasen.

Obelisk

Darunter versteht man hohe, sich nach
oben verjüngende Pfeiler, die verlängerten
Pyramiden ähneln – hier auf dem Giebel
des Rathauses (1561–65) von Antwerpen
(Belgien). Obelisken sind Schlüsselmerkmal für die Renaissance-Architektur in
Nordeuropa und wurden gerne für Giebel
verwendet.

Glossar

AKANTHUS Distelartige Pflanze, deren Blätter stilisiert als Schmuckelement genutzt werden

ALL'ANTICA Auf antiken Vorbildern beruhend

ALTAR Zeremoniell genutzter Tisch zur Verehrung einer oder mehrerer Gottheiten

ANTEFIX Am Dachende aufgestellte antike Stirnziegel zur Verdeckung der Dachtraufe

ANTHEMION Stilisierte Geißblattblüte

ANTIKE Epoche des Altertums im Mittelmeerraum von etwa 1200 v. Chr. bis 600 n. Chr.

APSIS Der meist halbrunde Abschluss des Chors

ARCHITRAV Waagerechter tragender Hauptbalken, der Säulen, Pfeiler oder Bogen überspannt; dient als Träger des Gebälks

ARCHITRAVBAU Stütze-Sturz-System; Bauweise, bei der die Stützen (Pfeiler, Säulen) nur durch waagerechte Balken, nicht durch Bogen verbunden sind

ARKADE(N) Bogen, der zwei Säulen oder Pfeiler verbindet; Bogenreihe

ATLANT, ATLAS Stütze in Form einer männlichen Figur

ATRIUM Zentraler, meist nach oben geöffneter Raum antiker Wohnhäuser

AUFRISS Darstellung eines Gegenstands in senkrechter Ansicht

BALDACHIN Überdachung aus Holz oder Stein bei Figuren, Portalen etc.

BALKEN Waagerechtes tragendes Bauelement

BALUSTER Kurzes säulenartiges Stützglied, z. B. eines Geländers

BAND Waagerechtes Bauglied mit rechteckigem Querschnitt zur horizontalen Gliederung

BAROCK Stilbezeichnung für die Zeit von etwa 1600 bis etwa 1750

BASILIKA Römisches und frühchristliches Bauwerk mit Hauptschiff und Seitenschiffen

BASIS Fuß einer Säule oder eines Pfeilers unter dem Schaft

BAUSKELETT Tragende Konstruktion eines Bauwerks aus Holz oder Metall

BERGFRIED Hauptturm einer Burg

BETON Baumaterial; Gemisch aus Zement und Sand sowie Kies oder Splitt

BIFORIENFENSTER Zweigeteiltes Fenster mit Mittelsäule und oft Rundbogen

BLENDARKADE Gliederung einer Fläche mit einer Arkade, die keine Durchbrüche hat

BOGEN Gewölbtes Tragwerk, das eine Öffnung überspannt

BRUCHSTEIN Steine, die durch Abbruch größerer Felsen oder im Steinbruch entstanden sind

BRÜSTUNG Ursprünglich bis in Brusthöhe reichende Wehrmauer, später auch Bezeichnung für Geländer

BÜNDELPFEILER Pfeiler mit vorgelagerten Diensten

BÜSTE Plastische Darstellung eines Menschen vom Kopf bis einschließlich der Schulterpartie

BYZANTINISCHES REICH Oströmisches Reich mit der Hauptstadt Byzanz

CELLA Naos; fensterloser Hauptraum antiker Tempel, Aufbewahrungsort für das Götterbild

CHOR Meist erhöhter Abschluss des Kirchenraums, in dem der Hauptaltar steht

CHORUMGANG Um den Chor herumführender Gang, der durch Weiterführung der Seitenschiffe entsteht; oft mit Kapellenkranz umgeben

DIENST Pfeiler- oder Wandvorlage in Form einer Viertel-, Halb- oder Dreiviertelsäule; dient als abstützendes Widerlager

DIOKLETIAN-FENSTER Halbrundes dreigeteiltes Fenster

DORISCHE ORDNUNG Eine der klassischen Ordnungen mit einfachem rundem Kapitell

DREIBLATT Als Maßwerk in einem Kreis eingesetzte drei Spitzbogen

DREIPASS Dreibogige Zierform, einem dreiblättrigen Kleeblatt ähnlich, meist in einen Kreis gesetzt

EIERSTAB Fortlaufendes Dekor aus ei- und lanzettförmigen Gebilden im Wechsel

ENFILADE Zimmerflucht, deren Türen in einer Achse liegen und Durchsicht durch alle Zimmer erlauben

FACHWERK Skelettbauweise mit meist hölzernem tragendem Gerüst

FASSADE Äußere Schauseite eines Gebäudes

FESTON Gehänge aus Laub, Blumen oder Früchten, wie ein liegender Halbmond in der Mitte stärker

FIALE In der Gotik häufiges schlankes, spitz auslaufendes Ziertürmchen

FIRST Obere Schnittkante von zwei Dachflächen

FLAMBOYANT »Flammenstil«; vor allem in der französischen Spätgotik verbreitet

FRESKO Bezeichnung für eine »auf den frischen«, d. h. noch feuchten Kalkputz aufgetragene Wand- oder Deckenmalerei

FRIES Bandartiger, meist ornamentierter Streifen, der Flächen begrenzt oder teilt; wich-

tiges Element des antiken Gebälks

FRÜHCHRISTLICH Die ersten drei Jahrhunderte des Christentums

GAUBE Stehendes Dachfenster

GEBÄLK Oberster Teil der griechisch-römischen Säulenordnung, bestehend aus Architrav, Fries und Kranzgesims; Gesamtheit der Balken einer Decken- oder Dachkonstruktion

GEFACH Teil einer Wand des Fachwerkhauses, Raum zwischen den Holzbalken

GESIMS Waagerecht verlaufendes, hervortretendes, glattes oder profiliertes Bauglied, das die Wand eines Gebäudes horizontal gliedert. Oft auch über Türen und über/unter Fenstern.

GEWÄNDE Seitliche Abschrägungen bei Fenstern und Türen

GEWÖLBE Bogenförmiger Abschluss eines Raumes nach oben, manchmal durch Rippen verstärkt, die tragende Funktion haben

GIEBEL Abschlusswand an der Stirnseite eines Daches, meist dreieckig. Auch rundes oder dreieckiges Feld über einer Vorhalle, einem Fenster oder einem Portal

GIEBELFELD Fläche eines Giebels, meist dreieckiger Tympanon antiker Tempel

GIRLANDE Bandförmiges, dekoratives, aus Laub, Blumen oder Früchten bestehendes Gebinde

GOTHIC REVIVAL Von der Gotik inspirierter Stil im 18. und 19. Jh.; *siehe auch* Neugotik

GOTIK Europäischer Architekturstil von etwa 1150 bis etwa 1500

GRAT Nahtstelle im Gewölbe

GREEK REVIVAL Von der griechischen Antike inspirierter Stil im späten 18. und frühen 19. Jh.

HALBFACHWERK Fachwerkhaus auf einem Steinsockel

HALLE Gedeckter, aber seitlich offener Raum; auch der Hauptraum eines Wohnhauses im Mittelalter

HELM Turmhelm, Helmdach, Dachhelm; spitze Dachform bei Türmen mit polygonalem Grundriss, häufig auf Kirchtürmen

IMBREX (PL. IMBRICES) In der griechisch-römischen Baukunst konvex liegender Hohlziegel, der den Stoß zwischen zwei Flachziegeln (Tegulae) überdeckt

IONISCHE ORDNUNG Eine der klassischen Ordnungen mit Voluten am Kapitell

KAMIN In einem Wohnraum befindliche offene Feuerstelle. Darüber befindet sich der Kaminmantel, der den in den Rauchfang mündenden Abzug

Glossar

bildet und vom Kaminsims umrandet wird

KANNELIERUNG Rillenförmige, senkrechte Einkehlungen, meist an Säulen

KAPELLE Kleiner Bereich einer Kirche mit eigenem Altar; kleine Kirche

KAPITELL Oberer Abschluss, Bekrönung von Säulen, Pfeilern und Pilastern

KARYATIDE Balkenstütze in Form einer weiblichen Figur anstelle einer Säule oder eines Pfeilers

KASSETTE Kastenförmig vertieftes Feld, meist in der Decke

KEILSTEIN Keilförmiger Stein für den Bau von Bogen oder Gewölben

KIELBOGEN Bogen, der sich aus zwei s-förmigen Bogen zusammensetzt

KLASSIZISMUS Von der griechisch-römischen Antike ausgehende Stilrichtung im späten 18./frühen 19. Jh.

KOLONNADE Überdachter Säulengang mit geradem Gebälk

KOLOSSALORDNUNG Säulen oder Pilaster, die mehrere Geschosse einer Fassade zusammenfassen

KONSOLE Aus der Mauer hervortretendes Element aus Holz oder Stein, das als Auflage für Teile der Architektur, etwa Bogen, oder als Basis für Ziergegenstände (Figur, Vase etc.) dient

KORINTHISCHE ORDNUNG Eine der klassischen Ordnungen mit Akanthusblättern am Kapitell

KRABBE Emporrankende gotische Verzierung von Kanten in Form von Knospen und Blattknäueln, z. B. an Kapitellen oder Giebeln

KRENELIERUNG Mit Zinnen versehene Maueroberkante

KREUZBLUME Gotisches Zierglied aus kreuzförmig angeordneten knospigen oder blattknäuelförmigen Gebilden

LAIBUNG Innere, meist gerade Fläche bei Wandöffnungen (Fenster und Türen), beim Bogen die innere und äußere Wölbfläche

LANZETTFENSTER Hohes, schmales, spitzbogiges Fenster ohne Maßwerk

LATERNE Lichteinlassender Aufsatz (meist Türmchen) auf einer Kuppel oder einem Dach

LIERNEN Verzierende Nebenrippen, die weder vom Kämpfer noch vom Schlussstein ausgehen

LISENE Mauerblende; schmale, leicht hervortretende vertikale Verstärkung der Wand

LICHTGADEN Auch Obergaden; obere Wandfläche des Mittelschiffs einer großen Kirche

LOGGIA Kurze, von Säulen oder Pfeilern getragene Bogenhalle, die nach einer oder mehreren Seiten offen ist

LÜNETTE Halbrunde Fensteröffnung

LUKARNE Geschosshoher Dacherker quer zur Gebäudeachse, meist mit reicher Fensterrahmung und Giebelkontur

MÄANDER Ornamentform mit zahlreichen Abwandlungen. Der klassische Mäander ist ein Zierband aus fortlaufender Folge rechtwinkelig gebrochener Linien

MASKE Dekoratives Menschen- oder Tiergesicht

MASSWERK Insbesondere in der Gotik vorkommende flächige Verzierung aus Stein, vor allem von Fenstern, Balustraden und geöffneten Wänden

MAUERWERK Konstruktion aus Stein, Backstein oder Ziegel

METOPE Rechteckige, farbig bemalte oder mit Reliefs verzierte Platte, die im Gebälkfries von antiken Tempel den Raum zwischen zwei Triglyphen ausfüllt

MIKROARCHITEKTUR Architekturmotive im Kleinformat, etwa Bogen und Giebel, die dekorativ eingesetzt werden

MINARETT Hoher, meist zu einer Moschee gehöriger Turm, von dem aus die Gläubigen zu Gebet gerufen werden

MITTELALTER Epoche der europäischen Geschichte von etwa 1000 bis etwa 1550

MITTELSCHIFF Teil der Kirche, in dem sich die Laien versammeln

MODERNE Architekturstil von etwa 1920 bis ins späte 20. Jh.

MÖRTEL Erhärtendes Gemisch aus Bindemitteln, Zuschlagstoffen und Wasser zum Mauern, Verputzen etc.

MOSAIK Flächendekoration aus kleinen verschiedenfarbigen (oft würfelförmigen) Stückchen aus dauerhaftem Material, die auf noch feuchten Estrich aufgebracht werden

NARTHEX Vorhof oder Vorraum einer frühchristlichen Kirche, in dem sich die gerade Bekehrten versammelten

NASE In das Innere von (gotischem) Maßwerk vorspringende Spitze, z. B. an den inneren Bogenprofilen

NEOKLASSIZISMUS Besonders im englischen Sprachraum oft synonym für Klassizismus gebrauchte Stilbezeichnung

NEUGOTIK Sammelbezeichnung für alle die Gotik zitierenden Stilrichtungen ab der Spätrenaissance. In größerem Stil begannen neugotische Strömungen im 18. Jh. in England mit dem Gothic-Revival-Stil (»Wiedererweckung der Gotik«)

NISCHE Halbrunde, rechteckige oder polygone Vertiefung, z. B. in einer Mauer, als Gliederung oder zur Aufnahme einer Statue

OBELISK Monolithischer Quaderstein; frei stehender hoher, sich nach oben verjüngender Pfeiler mit quadratischer Grundfläche

OBERLICHT Halbrundes Fenster über einer Tür

OCHSENAUGE Œil-de-bœuf; rundes oder ovales Fenster

OCULUS Rundes oder ovales Fenster, *siehe* Ochsenauge

OGIVE Gotischer Spitzbogen; in England kielbogenförmiger Spitzbogen (»Ogee«)

OHR Oben seitlich überstehende Umrahmung von Türen, Portalen, Fenstern etc.

OPISTHODOMOS Die der Vorhalle (Pronaos) entsprechende Rückhalle bei griechischen Tempeln

PALLADIANISCH Auf das Werk des italienischen Architekten Andrea Palladio (1508–1580) bezogen

PALLADIO-FENSTER Auch Venezianisches Fenster oder Serliana (nach Sebastiano Serlio) genannt; auf Palladio zurückgehende Fensterformation aus drei nebeneinander befindlichen, durch Pfeiler getrennte Fenster, deren mittleres bogenförmig überhöht ist

PALMETTE Stilisiertes Palmenblatt

PECHNASE Auch Pech-, Gusserker, Maschikulis. Verteidigungseinrichtung bei Burgen; erkerähnliche Vorkragung ohne Boden, durch die heißes Wasser, Öl oder Pech auf Angreifer gegossen wurde. Maschikulis sind eine vorkragende Mauerblende am Wehrgang mit Wurfscharten bzw. Gusslöchern

PENDENTIF Zwickel in Form eines sphärischen Dreiecks, der von der runden Basis einer Kuppel auf den viereckigen Unterbau überleitet; auch Hängezwickel genannt

PERISTYL Säulenhof eines griechischen und römischen Wohnhauses oder Tempels, oft als Garten oder Durchgang zum Garten gestaltet

PERLSTAB Gerade Zierprofilleiste, die perlschnurartig aus halbkugeligen oder ovalen Formen besteht

PERPENDICULAR »Senkrechter Stil«, von lat. *perpendiculum*, »Bleilot«, »Richtschnur«; englischer Stil der Spätgotik von etwa 1350 bis etwa 1520

PFEILER Vertikales Bauelement mit Stützfunktion, meist viereckig und frei stehend, das sich nie nach oben verjüngt und ein Kapitell haben kann, aber nicht muss

PFETTE Waagerechter Teil des Dachgerüsts; parallel zum First

Glossar

verlaufende Hölzer, die die Sparren unterstützen

PFOSTEN Senkrechte Stütze, besonders einer Tür- oder Fensteröffnung, oft aus Holz

PICTURESQUE Ästhetisches englisches Ideal im späten 18. Jh. Gärten und Landschaften sollten nach den Regeln der malerischen Schönheit behandelt werden

PILASTER Wandpfeiler, der nur wenig aus der Wand hervortritt

PLINTHE Schmuckloser viereckiger und plattenartiger Sockel einer Säule, eines Pilasters oder einer Statue

PODIUMTEMPEL Tempel (meist römisch) auf hohem Unterbau

PORTAL Monumental gestalteter Haupteingang in einem Profan- oder Sakralbau

PORTIKUS Säulengang oder -halle mit geradem Gebälk, meist vor dem Eingang eines Bauwerks

POSTAMENT Unterbau, Sockel von Büsten, Statuetten, Säulen usw.

PROFANBAU Bauwerk, Gebäude für weltliche Zwecke

PROFIL Zierform oder gliedernde Dekorleiste an Bauelementen, etwa an Gesims oder Kapitell

PUTTE Kleine, meist nackte Knabenfigur mit oder ohne Flügel

QUEEN-ANNE-STIL Nach der englischen Monarchin Anne Stuart benannter englischer und amerikanischer Baustil mit Elementen aus Gotik und Barock (ca. 1690 bis 1720)

QUERSCHIFF Raum in der Kirche, der quer zum Langhaus durch Erweiterung über die Vierung hinaus entsteht

RAPPORT Regelmäßige Wiederkehr derselben Form eines Motivs; fortlaufendes Ornament

RENAISSANCE Stilrichtung und Bewegung im 15. und 16. Jh. in Italien und später in Nordeuropa; »Wiedergeburt der Antike«

RIPPE Konstruktionselement für den Gewölbebau; auch Kreuzrippe genannt

RÖMISCHER ZIEGEL Langer, flacher Ziegelstein, der insbesondere in der römischen Baukunst verwendet und später von anderen übernommen wurde

ROKOKO Leichter und beschwingter Architekturstil im 18. Jh.

ROMANIK Stilrichtung in Westeuropa vom 10. bis zum 12. Jh., deren charakteristischstes Merkmal der Rundbogen ist

RONDELL Rundes Objekt; Rundbau, runde (Garten-)Anlage

ROSETTE Stilisierte Rose; rundes Blütenornament. Auch Fensterrose; großes, rundes, durch Maßwerk gegliedertes Fenster über dem Portal einer gotischen Kirche

ROTUNDE Meist überkuppelter Rundbau

RÜSTLOCH Balkenloch; im Mauerwerk ausgespartes viereckiges Loch für die Befestigung der Hölzer eines Baugerüsts

RUNDBOGENSTIL Stilrichtung im 19. Jh. in Deutschland, die die Horizontalität der Antike mit der Vertikalität der Gotik zu verbinden suchte

RUSTIKA Mauerwerk aus Hausteinen, deren Stirnseiten geometrisch bearbeitet sind

SÄULE Senkrechtes Bauelement mit Stützfunktion, meist rund und frei stehend, bestehend aus Kapitell (oben), Schaft (Mitte) und Basis (unten)

SÄULENORDNUNG Gestaltungsart und Proportionierung von klassischer Säule und Gebälk; es gibt fünf klassische Säulenordnungen: dorische, ionische, korinthische, Komposit- und toskanische

SAKRALBAU Bauwerk für sakrale, rituelle oder kultische Handlungen; Gotteshaus

SATTELDACH Giebeldach; eine aus zwei gegen einen gemeinsamen First ansteigenden Flächen bestehende Dachform, die an den Schmalseiten von Giebeln geschlossen wird

SCHAFT Vertikale Hauptkomponente der Säule zwischen Basis und Kapitell

SCHEITELRIPPE Oberste Rippe in einem Rippengewölbe

SCHLUSSSTEIN Mittlerer Stein im Scheitelpunkt eines Bogens oder Gewölbes

SEITENSCHIFF Raumteil, meist einer Kirche, der parallel zum Mittelschiff verläuft und zu diesem geöffnet ist

SERLIANA *siehe* Palladio-Fenster

SKELETTBAU Bauweise, bei der der Aufbau des Gebäudes aus tragenden und füllenden Elementen besteht, früher vor allem beim Fachwerk, heute meist in Form eines aus Stahl und Stahlbeton bestehenden Skeletts, in das vorgefertigte Bauelemente eingesetzt werden

SPARREN Dachsparren: in Dachkonstruktionen die senkrechten Träger, die von der Traufe zum First verlaufen und die Dachhaut tragen; in der Aufsicht rechtwinklig zum First angeordnet

SPOLIEN Wiederverwendete architektonische Elemente älterer Gebäude

STABWERK In der gotischen Baukunst die senkrechten Stäbe bei Fenstern etc.

STREBE Schräges Bauglied zur Ableitung von Widerlager- oder Schubkräften, im Steinbau als Strebepfeiler und -bogen

STREBEBOGEN Brückenartige, ansteigende Verstrebung zwischen Mittelschiff- oder Chorwand und Strebepfeiler

STREBEPFEILER In der Gotik außerhalb der Seitenschiffe befindliche, die Seitenschiffe überragende Pfeiler

STREBEWERK Stützwerk (Strebepfeiler, Strebebogen) in der Mauer, das den Gewölbeschub auffangen soll

STUCK Masse aus Gips, Kalk, Sand und Wasser, u. a. eingesetzt als wasserfeste Wandverkleidung

STURZ Waagerechter Abschluss über Türen, Fenstern oder Bogen, der das Gewicht der Wand darüber trägt

STYLOBAT Oberste Stufe des Unterbaus eines antiken Tempels

TAFELWERK Bezeichnung für Holzverkleidungen von Wänden und Decken, die oft in Form von Kassetten ausgeführt sind

TAMBOUR Zylindrischer Baukörper, auf dem eine Kuppel ruht

TEGULA Rechteckiger, flacher Ziegel der Antike mit hochgezogenen Leisten an den Längsseiten. Auf dem Dach stoßen die seitlichen Leisten zweier nebeneinander liegender Tegulae aneinander. Zur Abdichtung wird ein halbröhrenförmiger Imbrex über die Stoßfuge gelegt

TEMPEL Sakralbau, insbesondere in der griechischen und römischen Antike

TEMPELFRONT Fassade eines Tempels, bestehend aus Säule, Gebälk und Giebel

TIERCERON Nebenrippe, Rippe zweiten Grades

TOSKANISCHE ORDNUNG Eine der klassischen Ordnungen

TOURELLE Kleiner, aus Wand oder Mauer hervorspringender Turm in oberen Geschossen mit konischem oder pyramidenförmigem Dach

TRIFORIUM In romanischen und gotischen Kirchen die mittlere Gliederung der Hauptschiffwände zwischen Arkaden und Lichtgaden

TRIGLYPHE Architekturglied am Tempel, bestehend aus hochrechteckigem Bauelement mit zwei senkrechten Einkerbungen (Glyphen), sodass drei Stege als Profil stehenbleiben, sowie einer Deckplatte. Triglyphen bilden im Wechsel mit Metopen den Fries über dem Architrav eines Tempels. Sie gehen auf die ursprüngliche Holzkonstruktion von Tempeln zurück und sind als in Stein nachgebildete Balkenköpfe (-enden) zu verstehen

TRIUMPHBOGEN Meist dreitoriges Portal, das den siegrei-

Glossar

chen Eintritt in eine römische Stadt symbolisiert

TROMPE Kleine Wölbung in Form einer Halbkuppel im oberen Winkel zweier Mauern

TRUMEAU Mittlerer Steinpfeiler eines Portals, der das Tympanon unterstützt

TÜRSTURZ Horizontaler Balken über den beiden vertikalen Türpfosten

TUFF In der römischen Baukunst viel verwendeter Baustein aus verfestigten vulkanischen Aschen, sehr porös und gelblich oder grau. In Gebieten mit Tuffvorkommen auch nach der Antike gebräuchlich

TURMHELM Oberer Abschluss eines Kirchturms

TYMPANON Dreieckiges Giebelfeld antiker Tempel bzw. Bogenfeld über einem Portal oder einer Tür, begrenzt durch den Bogen und den Türsturz

URNE Gefäß zur Aufnahme der Totenasche nach der Feuerbe-stattung, schon in der Bronzezeit verwendet und meist aus Ton oder Metall; später auch gedeckelte vasenartige Dekorgefäße

VIERUNG Raum, den Langhaus und Querschiff einer Kirche gemeinsam haben; begrenzt durch Vierungspfeiler und Vierungsbogen

VIERUNGSTURM Turm über der Vierung

VIKTORIANISCHER STIL Nach Königin Viktoria (reg. 1837–1901) benannter Sammelbegriff für verschiedene historisierende Strömungen der englischen Kunst im 19. Jh.

VOLUTE Schmuckelement in Form einer Schnecke oder s-förmigen Spirale; insbesondere Stilmerkmal ionischer Säulen

VORHANGFASSADE Konstruktionsweise für eine Fassade, die nur ihr Eigengewicht und keine anderen statischen Lasten

trägt, meist mit einer Skelettbauweise kombiniert

WALMDACH Es entsteht, wenn die Giebel des Satteldachs durch schräge Dachflächen ersetzt werden (abwalmen). Statt des ganzen Giebels kann nur die Giebelspitze abgewalmt sein (Krüppelwalmdach)

WINDBRETT Auch Giebel-, Ortgangbrett; ein vor der Begrenzungskante zwischen Giebel und Dachfläche (Ortgang) angebrachtes, manchmal verziertes Brett zum Schutz der Dachkonstruktion vor Wind und Wetter

ZEMENT Geht auf die antiken Römer zurück, die ein betonartiges Mauerwerk aus Bruchsteinen mit gebranntem Kalk als Bindemittel bereits beim Bau des Pantheons in Rom einsetzten

ZWICKEL Flächenstück zwischen zwei Bogen oder die vom Rund der Kuppel zum Rechteck des Unterbaus überleitende Fläche

Bauwerke von A bis Z

Bauwerke von A bis Z

Danksagung der Autorin

Mein aufrichtiger Dank gilt Dominique Page
und dem Team von Ivy Press für ihre wertvolle
Arbeit unter oft sehr schwierigen Umständen.
Dieses Buch hätte nicht entstehen können ohne
James Stevens Curls Oxford Dictionary of
Architecture – ich bin ihm wie auch den vielen
anderen mich beratenden und unterstützenden
Autoren sehr dankbar, insbesondere Albert
Rosengarten, Russell Sturgis, E. E. Viollet-
le-Duc, J. H. Parker und James Fergusson.
Nicht zuletzt danke ich meinem Ehemann
Matthew für seine großartige Unterstützung –
und Felicity, die mir half wie eben nur eine
Katze es vermag.

Danksagung des Verlags

Ivy Press bedankt sich bei Sears Holdings
Archives für die freundliche Überlassung ihrer
Bildnutzungsrechte.